MELTEM KAPTAN

MEINE SÜPERKÜCHE

Das Beste aus zwei Heimaten

MELTEM KAPTAN

MEINE SÜPERKÜCHE

Das Beste aus zwei Heimaten

INHALT

VORWORT

Liebe geht durch den Magen!" – Oft hören wir diesen Spruch und manchmal fragt man sich, was er uns eigentlich sagen will. Ich habe mich auf die Suche begeben und die Antwort in der Küche meiner süßen Mama gefunden. Jeden Morgen überlegt sie erst mal, womit sie ihre Liebsten heute kulinarisch verwöhnen kann. Gesund soll es sein, abwechslungsreich und – natürlich – unnachahmlich aromatisch und lecker schmecken. Wenn man sie morgens antrifft und fragt, was sie heute so vorhat, sollte man gaaanz viel Zeit mitbringen. Dann verrät sie einem mit leuchtenden Augen nicht nur das heutige Menü, sondern auch gleich noch alle darin enthaltenen Vitamine, Nährstoffe und all die Krankheiten, die man bei regelmäßigem Verzehr dieser Gerichte garantiert niemals bekommen wird.

Tatsächlich ist das nicht nur ein lockerer Zeitvertreib. Jahrelang ist sie den Fachleuten hinterhergereist, die Vorträge zu gesunder Ernährung gehalten haben, hat sich Tipps und Ratschläge geholt und das ein oder andere Mal auch den Fachleuten Empfehlungen gegeben. Denn die türkisch-mediterrane Küche zählt zu den gesündesten der Welt. Aber das reicht meiner Mama natürlich nicht.

Sie dürstet nach den „Mmmhs", den genussvollen Blicken, diesem kleinen stillen Moment, in dem die Augen geschlossen werden, weil es einfach unbegreiflich gut schmeckt. Das sind die Augenblicke puren Glücks meiner Mama. Und das ist, da sind wir wieder am Ausgangspunkt: Liebe!

Jedes Mal, wenn ich ihr Essen genieße, werde ich wieder in meine Kindheit zurückversetzt. Ich nenne sie mal: eine Kindheit der offenen Tür. Jeder war bei uns willkommen, egal ob der Gärtner, die Postbotin oder der Klempner, der einfach nur das Abwasserrohr reparieren wollte … Sie alle wurden bei uns kulinarisch versorgt und gingen mit einem Lächeln nach Hause – und einem Carepaket voller Leckereien. Sobald ich die Augen schließe, sehe ich Mama, wie sie bei uns zu Hause stundenlang in der Küche stand und ein Buffet der Spitzenklasse vorbereitete. Als Türkisch- und Vertrauenslehrerin lud sie regelmäßig zu Kochabenden ein, es waren interkulturelle Begegnungen von Eltern und Lehrern, deutschen wie türkischen. Mein Papa schleppte extra einen Samowar an, ein traditionelles und massives Gerät, auf dem die Osmanen Tee zubereiteten. Und spielte mit Inbrunst auf der Saz, einer türkischen Langhalslaute, Volkslieder aus seiner Heimatstadt Rize am Schwarzen Meer. Es wurde getanzt, gesungen, gelacht - und massenhaft gegessen. Die Vielfalt der türkischen Gerichte sorgte immer dafür, dass für jeden Gaumen etwas dabei war. Für mich Augenblicke puren Glücks.

Natürlich habe ich immer wieder versucht, dieses spezielle Aroma, diesen Geschmack, dieses „gewisse Etwas" in meine eigene Küche zu transformieren. Sieht doch alles gar nicht so schwer aus, das klappt schon irgendwie. Na ja, es schmeckte nicht schlecht, aber nie wie bei Mama. Irgendwie fehlte immer etwas und so war ich es eines Tages leid, setzte mich mit meinem Laptop in die Küche zu Mama und schrieb mit. Schritt für Schritt begann ich, das aus ihrer Sicht so Naheliegende, so Beiläufige, so Alltägliche zu erfassen, und bemerkte, dass genau das am Ende den Unterschied in den Gerichten ausmacht. Und dann kam schließlich die Idee auf, diese Erfahrungen mit euch zu teilen. Zu zeigen, wie vielfältig und spannend die türkische Küche fernab von Döner Kebab und Lahmacun wirklich ist. Doch da fing es an, kompliziert zu werden - und ein echtes Kaptan-Familienprojekt.

Damit der deutsche Kochbuchschmökerer und Hobbykoch wirklich mit den Eigenarten der klassisch-türkischen Küche klarkommen kann, habe ich meinen deutschen Ehemann Daniel damit beauftragt, die von mir verfassten Rezepte zu prüfen. Für den deutschen Kopf und Gaumen. Er nahm diese Aufgabe sehr ernst, kochte jedes einzelne Rezept nach und wurde so manches Mal an den Rand des Wahnsinns getrieben. Ein Beispiel: Türken messen Zutaten häufig nicht in Milliliter, Gramm oder Esslöffel, sondern in Einheiten wie „Glas" oder „Tasse". Da stellte sich natürlich so manche Folgefrage und so wurde ich Zeuge dieses Dialoges zwischen meinem Mann und seiner Schwiegermutter:

Daniel: „Mama, wie viel Mehl muss in den Teig?“
Mama Melek: „1 Tasse!“
Daniel: „Wie? 1 Tasse? Groß oder klein?“
Mama Melek: „Normal. 1 Tasse!“
Daniel: „Mama, was ist normal? Große oder kleine Tasse?“
Mama Melek: „Mittel!“

Am Ende gelang es ihm, mit kleinen Rezeptänderungen alle kulturell bedingten Missverständnisse auszuräumen. Und er bekam alles gekocht und gebacken. Also schafft ihr das auch, keine Sorge!

Vielfalt auf dem Tisch – Diversität im Magen

So groß wie das Land, so bunt die Gesellschaft, so unterschiedlich die Geschmäcker und kulinarischen Vorlieben. Und das verbindet die Menschen. Wird in einer türkischen Familie für Freunde gekocht, kommen alle auf ihre Kosten: Fleischliebhaber, Pescetarier, Vegetarier, Veganer und Allesvertilger. Denn es werden mindestens fünf Gerichte auf den Tisch gestellt, um sicherzugehen, dass wirklich für jeden Gast das Richtige dabei ist. Alles andere wäre auch eine Katastrophe epischen Ausmaßes.

Seit einem halben Jahrhundert steht meine Mama nun schon in der Küche, zwei Generationen hat sie bekocht und mit Backwerk überschüttet und ihre Gerichte ständig weiterentwickelt. Deshalb findet ihr in diesem Buch auch Eigenarten ihrer Küche, die in den klassischen Rezepten nicht immer in der Zutatenliste standen. Kurkuma zum Beispiel liebt sie sehr, weil sie nicht nur schmackhaft ist und Farbe ins Gericht bringt, sondern auch wahnsinnig gesund: Sie wirkt entzündungshemmend, antioxidativ, verringert das Risiko für Herzerkrankungen und beruhigt den Magen. Kurkuma wird euch daher ab und an mal begegnen. Mama will verwöhnen und dazu gehören eben die Gesundheit und das Wohlbefinden. Aus diesem Grund findet ihr in den Rezepten übrigens auch fast keine Butter. Sie folgt damit der traditionell ägäischen Küche, die fast ausschließlich Olivenöl verwendet und auf andere Fette weitestgehend verzichtet. Olivenöl besteht zu 75 Prozent aus einfach ungesättigten Fettsäuren, senkt daher den Cholesterinspiegel und beugt Herz-Kreislauf-Erkrankungen vor. Wie so oft hat die türkische Sprache auch für Olivenöl wunderbar bildliche und blumige Ausdrücke: Wir nennen es die „goldene Flüssigkeit“ („Altın Sıvı“) oder – noch passender – den „Kumpel des Herzens“ („Kalbin Dostu“). Irgendwann Mitte der 90er-Jahre verbannte Mama daher die Butter vollständig aus dem Familienkühlschrank, füllte die Speisekammer literweise mit Olivenöl auf und erlaubte keine Widerrede. Chefin hat gesprochen!

Gutes Essen verbindet, gutes Essen umsorgt. Mit Mamas Rezepten gelingen die Klassiker der türkischen Küche garantiert ohne viel Aufwand, komplizierte Kniffe oder exotische Zutaten. Ich wünsche euch viel Spaß in Meltems Süperküche und vergesst beim Nachkochen keinesfalls die wichtigste Zutat: Liebe!

Eure

Zubereitungszeit	vegetarisch
vegan	glutenfrei

VORSPEISEN

Meze

Meze – viel mehr als Vorspeisen

Was in Spanien die Tapas, sind in der Türkei die Meze. Wenn ich meine Augen schließe, sitze ich an einem langen, etwas klapprigen Holztisch am Ägäischen Meer mit meiner Familie, vielen Freunden und noch mehr Serviertellern. Es wird gelacht, gescherzt, angestoßen, gekleckert – und vielleicht auch ein bisschen darum gestritten, wer das letzte, köstlich duftende „Zigarren-Börek" bekommt. Hayat, das ist Leben!

Ich liebe Meze, weil sie wie nichts anderes die Menschen verbinden und im Übrigen auch den besten Einblick in die Vielfalt der türkischen Küche liefern: herzhaft gefüllte Backwaren, herrliche Gemüsepuffer, frische Salate … Und dabei wird an alle gedacht: Niemals wird es passieren, dass ein Veganer in einem Meze-Restaurant leer ausgeht. Auch Lebensmittelunverträglichkeiten sind kein Showstopper für den Mezegenuss, alle kommen auf ihre Kosten. Ihr merkt schon, ich könnte zwei ganze Kochbücher nur mit Mezerezepten schreiben, und noch immer würde Mama schreien, dass ich gaaanz wichtige Rezepte vergessen hätte. Von daher habe ich hart mit mir gerungen und das Kapitel auf 20 meiner absoluten Favoriten gekürzt. Nun denn: Ruft eure Liebsten an, schwingt den Löffel, packt so viele Meze wie möglich auf eure Teller und Tische und genießt gemeinsam so lange, bis das letzte Stück vertilgt ist! Es lebe die Vielfalt, es lebe das Leben!

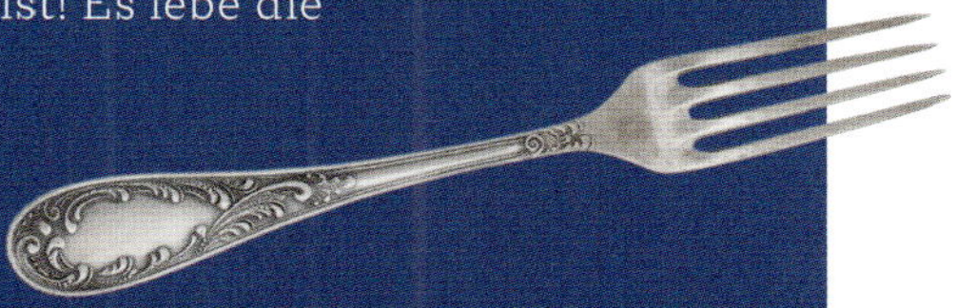

GEBRATENE AUBERGINEN MIT KNOBLAUCHJOGHURT

Yoğurtlu Patlıcan Kızartması

50-60 Min.
Für 4-6 Personen

4 mittelgroße Auberginen
1 EL Salz
Olivenöl

Für den Dip
6 Knoblauchzehen
500 g Joghurt (3,5 % Fett)
Salz
getrocknete Minze (nach Belieben)
Chilipulver (nach Belieben)

Zum Garnieren (nach Belieben)
getrocknete Minze
Chilipulver

1 Die Auberginen waschen, vom Strunk befreien und längs in ca. 1 cm dicke Scheiben schneiden. Dann Auberginenscheiben mit 1 l Wasser und 2 EL Salz in eine Schüssel geben. Ca. 30 Min. ziehen lassen.

2 Inzwischen für den Dip Knoblauch schälen, fein hacken und mit Joghurt vermengen. Mit Salz würzen und nach Belieben mit Minze und Chili abschmecken. (Letzteres gibt einen ordentlichen Kick, ist aber reine Geschmackssache!)

3 Dann Wasser abgießen und Auberginenscheiben trocken tupfen. Reichlich Öl in einer Pfanne erhitzen und nach und nach Auberginenscheiben von beiden Seiten darin goldbraun braten.

4 Auberginenscheiben auf einem großen Servierteller anrichten und jeweils 1 Klecks Joghurt auf 1 Aubergine geben. Nach Belieben mit Minze und Chili garnieren.

MAMAS TIPP

Manche geben auch mehr Joghurt auf den Teller und vermischen die Auberginenscheiben damit - und zwar so, dass sie vollständig in ihm versinken. Ihr könnt beides einmal ausprobieren.

ZAZIKI TÜRKISCHE ART

Cacık

Ob nun Griechen oder Türken diese Leckerei erfunden haben, ist doch eigentlich egal: Hauptsache, sie schmeckt! Und Hauptsache, es befindet sich genug Knoblauch darin! Denn so könnt ihr eure griechischen und türkischen Freunde gleichermaßen erfreuen – und alle anderen mit Sicherheit auch.

ca. 15 Min.

Für 2–4 Personen

2 Salatgurken
4 Knoblauchzehen
150 g Joghurt (3,5 % Fett)
Salz
1 TL Apfelessig
1 EL Olivenöl
getrockneter Dill
getrocknete Minze

1 Die Gurken schälen, grob raspeln und in eine Schüssel geben. Den Knoblauch schälen und fein darüberreiben. Joghurt dazugeben, alles mit Salz würzen und vermengen.

2 1 EL Wasser, Essig und Öl zu dem Dip geben, alles vermengen und mit Dill und Minze abschmecken.

MAMAS TIPP

Falls ihr frische Minze zu Hause habt, könnt ihr sie gut gegen die getrocknete austauschen. Das macht das „Cacık" noch frischer.

GEBRATENE ZUCCHINI MIT KNOBLAUCHJOGHURT

Yoğurtlu Kabak Kızartması

20-30 Min.

Für 4-6 Personen

4 Zucchini
Olivenöl
Salz

Für den Dip
4 Knoblauchzehen
90 g Joghurt (3,5 % Fett)
½ TL Salz

Zum Garnieren (nach Belieben)
getrockneter Thymian
Chiliflocken

1 Die Zucchini putzen, waschen und längs in ca. 1 cm dicke Scheiben schneiden. Reichlich Öl in einer Pfanne erhitzen und nach und nach Zucchinischeiben von beiden Seiten darin goldbraun braten. Dann auf einem Küchenpapier abtropfen lassen und mit Salz würzen.

2 Inzwischen für den Dip Knoblauch schälen, fein hacken und mit Joghurt vermengen. Mit Salz würzen.

3 Zucchinischeiben auf einem großen Servierteller anrichten, Dip darübergeben und nach Belieben mit Thymian und Chili bestreuen. Warm oder kalt servieren.

KICHERERBSENSALAT MIT GRANATAPFEL UND MINZE

Narlı Nohut Salatası

Für den Frischekick zwischendurch habe ich diesen wunderbaren Salat erfunden. Auch wenn mir die türkische Hausfrau dafür die Ohren lang zieht: Damit es schnell geht, nehme ich hier keine frischen Kichererbsen, sondern greife auf die in der Dose zurück. Typisch türkisch ist in diesem Gericht vor allem der Granatapfelsirup „Nar Ekşisi", der mit seinem unvergleichbar süßsauren Aroma zusammen mit seinem besten Freund, der Minze, Frische und Leichtigkeit in diesen Salat bringt. Einfach herrlich!

ca. 10 Min.

Für 4–5 Personen

480 g gekochte Kichererbsen (Abtropfgewicht; aus der Dose)
2 mittelgroße Tomaten
1 Bund Minze
Salz
Kerne von ½ Granatapfel
2 EL Olivenöl
3 EL türkischer Granatapfelsirup „Nar Ekșisi" (aus dem türkischen Supermarkt; alternativ: 2 EL Balsamico)
Chilipulver (nach Belieben)

1 Die Kichererbsen aus der Dose in ein Sieb geben, kalt abbrausen, abtropfen lassen und in eine große Schüssel geben.

2 Die Tomaten waschen, vom Strunk befreien und in Würfel schneiden. Die Minze waschen, trocken schütteln, Blätter abzupfen und fein hacken. Tomatenwürfel und gehackte Minze in die Schüssel zu den Kichererbsen geben. Mit Salz würzen.

3 Dann Granatapfelkerne unterheben, Öl und Granatapfelsirup dazugeben. Alles gut vermengen, noch mal mit Salz würzen und nach Belieben mit Chilipulver abschmecken. Unbedingt frisch servieren!

WEISSE-BOHNEN-SALAT

Piyaz

Bohnensalat mal ganz anders! Ob nun als Beilage oder Hauptgericht mit Brot: Dieser Salat ist in der Türkei sehr beliebt und wird mit Sicherheit auch euer Herz erobern!

ca. 50 Min.
plus 24 Std. Quellzeit
ca. 20 Min. (bei Dosenbohnen)
Für 4–6 Personen

300 g getrocknete weiße Bohnen (alternativ: 480 g weiße Bohnen, Abtropfgewicht; aus der Dose)
2 mittelgroße Zwiebeln
1 rote Spitzpaprika
1 grüne Spitzpaprika
½ Bund glatte Petersilie
Salz

Für das Dressing
Saft von 1–1½ Zitronen
5 EL Olivenöl
Chiliflocken
schwarzer Pfeffer
Salz

Zum Garnieren
1 hart gekochtes Ei
10 schwarze Oliven

1 Die Bohnen in reichlich kaltem Wasser 24 Std. einweichen.

2 Die Bohnen nach der Quellzeit in ein Sieb geben, kalt abbrausen und abtropfen lassen. Die gewaschenen Bohnen in einen Topf geben, mit frischem Wasser bedecken und zum Kochen bringen. Mit geschlossenem Deckel bei schwacher bis mittlerer Hitze in ca. 30 Min. fast gar kochen.

3 Inzwischen die Zwiebeln schälen, längs halbieren und in dünne Streifen schneiden. Die Paprika waschen, Strunk und Kerne entfernen und in kleine Stücke schneiden. Die Petersilie waschen, trocken schütteln, Blätter abzupfen und fein hacken.

4 Anschließend die gekochten Bohnen in ein Sieb abgießen, abtropfen lassen und in eine große Schüssel geben. Das vorbereitete Gemüse dazugeben, untermengen und alles mit Salz würzen.

5 Für das Dressing die Zutaten verrühren und über den Salat geben. Gut vermengen.

6 Den Bohnensalat auf einem großen Servierteller anrichten, das Ei vierteln und mit den Oliven auf den Salat setzen.

TÜRKISCHER HIRTENSALAT

Çoban Salatası

Hier kommt nun das Basisrezept für den klassischen Hirtensalat, der in der Türkei zu allen möglichen Hauptgerichten vertilgt wird. Wichtig für das Aroma ist, dass Tomaten, Gurken, Paprika und Zwiebeln sehr klein – also wirklich SEHR KLEIN – geschnitten werden, damit sie im Mund miteinander verschmelzen können. Apropos Schmelzen: Wer ihn vermisst, kann natürlich auch Schafs- oder Ziegenkäse dazugeben.

ca. 30 Min.
Für 4 Personen

2 Zwiebeln
Salz
2 kleine Salatgurken
3 grüne Spitzpaprika
3 rote Spitzpaprika
4 mittelgroße Tomaten
½ Bund glatte Petersilie

Für das Dressing
2 EL Olivenöl
Saft von ½ Zitrone

Zum Garnieren
5–8 grüne oder schwarze Oliven

1 Die Zwiebeln schälen, in Würfel schneiden und in eine Schüssel geben. Mit Salz würzen und mit den Händen gut vermengen.

2 Die Gurken schälen und in sehr kleine Würfel schneiden. Die Paprika waschen, Strunk und Kerne entfernen und in sehr kleine Würfel schneiden. Die Tomaten waschen, vom Strunk befreien und ebenfalls in sehr kleine Würfel schneiden. Die Petersilie waschen, trocken schütteln, Blätter abzupfen und sehr fein hacken. Das vorbereitete Gemüse in die Schüssel zu den Zwiebelwürfeln geben und gut vermengen.

3 Für das Dressing die Zutaten verrühren und über den Salat geben. Alles gut vermengen und mit Salz abschmecken.

4 Den Hirtensalat auf einem großen Servierteller anrichten und mit Oliven garnieren.

MAMAS TIPP

Dieser Salat wird in der Türkei zu allen möglichen Hauptgerichten wie Fisch, Fleisch oder vegetarischen Speisen serviert. Er passt irgendwie immer zu allem.

KARTOFFELSALAT MIT SUMACH *Sumaklı Patates Salatası*

Was unterscheidet das Essen aus der „eingedeutschten Dönerbude“ vom „echten türkischen“, das am Bosporus serviert wird? Ein Indikator für wirklich „echte türkische“ Küche ist auf alle Fälle der wahre Held dieses Gerichts: der Sumach. In Westeuropa noch immer wenig bekannt, veredelt die gemahlene Steinfrucht des Färberbaums (O-Ton Mama: „Sehr, sehr, sehr gesund!“) viele Gerichte in der arabischen, persischen und eben auch in der türkischen Küche. Sein angenehm frisches, säuerliches und fruchtiges Aroma ist unverwechselbar und verändert den Geschmack des Gerichts entscheidend. Serviert der Wirt diesen herrlich leichten Kartoffelsalat in der Türkei ohne Sumach (O-Ton Mama: „... und Zwiebeln, die passen auch sooo gut zu Sumach!“), wird er zum Gespött des Ortes und sein Lokal bald schließen müssen.

40-50 Min.

Für 4-5 Personen

8-10 mittelgroße festkochende Kartoffeln
Salz
1 Bund Frühlingszwiebeln
½ Bund glatte Petersilie
Saft von 1 Zitrone
3 EL Olivenöl
2 EL Sumach
süßes Paprikapulver (nach Belieben)
schwarzer Pfeffer (nach Belieben)
Chiliflocken (nach Belieben)

Zum Garnieren

8-10 grüne oder schwarze Oliven

1 Die Kartoffeln waschen und in Salzwasser ca. 30 Min. garen. Anschließend abgießen, kurz abkühlen lassen, schälen und in Würfel schneiden.

2 Die Frühlingszwiebeln putzen, waschen und in Ringe schneiden. Die Petersilie waschen, trocken schütteln, Blätter abzupfen und fein hacken. Die vorbereiteten Zutaten mit den Kartoffelwürfeln in eine Schüssel geben und vermengen.

3 Den Kartoffelsalat mit Zitronensaft, Öl und Sumach würzen und nach Belieben mit Salz, Paprika, Pfeffer und Chili abschmecken.

4 Den Kartoffelsalat auf einem großen Servierteller anrichten und mit Oliven garnieren.

MÖHRENSALAT MIT KNOBLAUCHJOGHURT

Yoğurtlu Havuç Salatası

ca. 40 Min.

Für 5 Personen

4–5 mittelgroße Möhren
3 EL Olivenöl

Für das Dressing
90 g Magerquark (0,3 % Fett i. Tr.)
90 g Joghurt (3,5 % Fett)
1 EL Olivenöl
4 Knoblauchzehen
Salz

Zum Garnieren
5–6 Walnusskerne
1–2 Stängel glatte Petersilie

1 Möhren putzen, schälen und grob raspeln. Öl in einer Pfanne erhitzen und die Möhrenraspel 10–15 Min. darin dünsten. Abkühlen lassen.

2 Inzwischen für das Dressing Quark und Joghurt mit Öl verrühren. Den Knoblauch schälen und fein darüberreiben. Alles vermengen und mit Salz würzen.

3 Zum Garnieren die Petersilie waschen, trocken schütteln, Blätter abzupfen und fein hacken.

4 Dann das Dressing über die erkalteten Möhrenraspel geben, alles vermengen und mit Walnüssen und Petersilie garnieren.

WARMER GRÜNE-BOHNEN-SALAT *Zeytinyağlı Fasulye Yemeği*

Mein Mann kann Grüne-Bohnen-Salat, so wie man ihn in Deutschland kennt, auf den Tod nicht ausstehen. Mit viel Gewalt habe ich ihn schließlich doch noch dazu gebracht, die türkische Variante zu probieren. Und was soll ich sagen? Seine Schüssel hat er leer geputzt. Also: Probiert das Rezept ruhig einmal aus, falls ihr grüne Bohnen meidet wie Graf Dracula den Knoblauch – man stirbt keinesfalls beim ersten Biss.

ca. 1 Std.

Für 6 Personen

750 g grüne Bohnen
3 große Zwiebeln
5 Knoblauchzehen
4 Tomaten
1 EL Tomatenmark
6 EL Olivenöl
Salz
2 TL Zucker
200 ml kochend heißes Wasser

1 Die Bohnen putzen, waschen und halbieren (oder in ca. 5 cm lange Stücke schneiden). Zwiebeln und Knoblauch schälen und fein hacken. Die Tomaten waschen, vom Strunk befreien und in kleine Würfel schneiden.

2 Die Hälfte der Bohnen in einen Topf geben und das vorbereitete Gemüse mit Tomatenmark dazugeben. Dann restliche Bohnen, Öl, Salz und Zucker zugeben und 100 ml kochendes Wassers zugießen. Alles mit geschlossenem Deckel bei starker Hitze ca. 10 Min. köcheln lassen, dabei gelegentlich umrühren.

3 Das restliche kochende Wasser zugießen und bei schwacher Hitze weitere 20–30 Min. garen. (Die Bohnen sollten ihre Farbe verändern und weich sein.) Warm oder kalt servieren.

MAMAS TIPP

Wenn ihr im Winter keine aromatischen Tomaten mehr bekommt, könnt ihr auch zu einer Dose gehackter Tomaten greifen. Bei den Bohnen könnt ihr Stangen- oder Prinzessbohnen verwenden: Sie lassen sich auch prima einfrieren und in Zeiten einsetzen, in denen es keine frischen Bohnen zu kaufen gibt. Der Salat hält sich im Kühlschrank mehrere Tage.

VEGANE LINSENFRIKADELLEN

Mercimek Köftesi

ca. 1 Std.
Für 6–8 Personen

340 g rote Linsen
225 g feiner türkischer Bulgur „Köftelik Bulgur" (aus dem türkischen Supermarkt)
2 Zwiebeln
3–5 EL Olivenöl
1 EL Tomatenmark
1 EL Paprikamark
1 TL gemahlener Kreuzkümmel
Salz
Chiliflocken
1 Bund Frühlingszwiebeln
1 Bund glatte Petersilie
Saft von 1 Zitrone

Zum Garnieren
mind. 8 Blätter Eisbergsalat
6–8 Zitronenscheiben (nach Belieben)

1 Die Linsen in ein Sieb geben, kalt abbrausen und abtropfen lassen. Gewaschene Linsen mit 900 ml warmem Wasser in einen Topf geben, aufkochen und mit geschlossenem Deckel bei schwacher Hitze ca. 20 Min. köcheln lassen. So lange, bis die Flüssigkeit fast vollständig aufgesogen ist. (Etwas Wasser sollte im Topf verbleiben.)

2 Anschließend den Bulgur in ein Sieb geben, kalt abbrausen und abtropfen lassen. Gewaschenen Bulgur in den Topf zu den Linsen geben, den Herd ausschalten und alles gut vermengen. Mit geschlossenem Deckel so lange ruhen lassen, bis der Bulgur gequollen ist und das Wasser vollständig aufgesogen hat.

3 Inzwischen die Zwiebeln schälen und in kleine Würfel schneiden. Öl in einer Pfanne erhitzen, Zwiebelwürfel darin andünsten und Tomaten- und Paprikamark dazugeben. Alles unter ständigem Rühren ca. 5 Min. dünsten.

4 Dann die Zwiebelmischung in den Topf zu dem Linsen-Bulgur geben und alles gut vermengen. Mit Kreuzkümmel, Salz und Chili würzen. Abkühlen lassen.

5 Inzwischen die Frühlingszwiebeln putzen, waschen und in sehr feine Ringe schneiden. Die Petersilie waschen, trocken schütteln, Blätter abzupfen und fein hacken.

6 Zitronensaft über die abgekühlte Zwiebel-Linsen-Bulgur-Masse träufeln. Frühlingszwiebelringe und gehackte Petersilie untermengen und die Masse mit den Händen gut verkneten. Dann zu länglichen, etwa eigroßen Köfte formen.

7 Jeweils 1 Köfte auf 1 Salatblatt anrichten und nach Belieben mit Zitronenscheiben garnieren.

TÜRKISCHE ZUCCHINIPUFFER AUS DER PFANNE

Mücver

Wer Kartoffelpuffer gern mag, wird „Mücver“ lieben! Diese kleinen, feinen Zucchinipuffer aus der Pfanne sind die Leibspeise meines Mannes – er kann einfach nicht genug davon bekommen. Und ich bin mir hundertprozentig sicher, euch wird es genauso gehen ... Also: Unbedingt ausprobieren!

ca. 1 Std.

Für 6 Personen

800 g Zucchini
3 TL Salz
1 Bund Frühlingszwiebeln
2 Knoblauchzehen
1 Bund glatte Petersilie
1 Bund Minze
1 Bund Dill
3–4 Bio-Eier
200 g Weizenmehl
schwarzer Pfeffer
200 g Schafskäse
Olivenöl

1 Die Zucchini putzen, waschen und grob raspeln. 2 TL Salz untermengen und 15–20 Min. ziehen lassen. Anschließend die Zucchiniraspel in einem Tuch kräftig ausdrücken und von überschüssigem Wasser befreien.

2 Die Frühlingszwiebeln putzen, waschen und in Würfel schneiden. Den Knoblauch schälen und sehr fein hacken. Die Kräuter waschen, trocken schütteln, Blätter bzw. Spitzen abzupfen und sehr fein hacken.

3 Zucchiniraspel, Frühlingszwiebeln und gehackte Kräuter in eine Schüssel geben und gut vermengen. Eier, Mehl, etwas Pfeffer, 1 TL Salz und gehackten Knoblauch unterrühren. Dann den Käse klein bröseln, dazugeben und noch mal alles gut vermengen.

4 Öl in einer Pfanne erhitzen (der Pfannenboden sollte bei jeder Portion leicht bedeckt sein), die Masse (1 EL Teig pro Puffer) portionsweise in die Pfanne geben und von beiden Seiten darin goldbraun braten. Dann auf einem Küchenpapier abtropfen lassen.

MAMAS TIPP

Perfekt zu „Mücver“ passt eine schöne Portion „Cacık“ (S. 16) oder ein simpler, aber wunderbarer Knoblauchjoghurt („Yoğurtlu Kabak Kızartması“, S. 18).

FLUFFIGE PFANNKUCHEN MIT SCHAFSKÄSE *Puf Puf Peynirli Pankek*

Hier sagt der türkische Name eigentlich alles: „Puf Puf" bezeichnet die gewünschte Konsistenz und „Pankek" bedeutet genau das, was man erwartet. Sie sehen aus wie amerikanische Pancakes, sind herzhaft und luftig locker. Tja, da haben die Amerikaner mal wieder von den Türken geklaut – oder war es doch andersherum?

20–30 Min.

Für 4 Personen

2 Bio-Eier
240 ml Milch
1 TL Salz
Olivenöl
200 g Weizenmehl (Type 405)
16 g Backpulver
½ Bund glatte Petersilie
200 g Schafskäse

1 Eier, Milch, Salz und 1 EL Öl in einer Rührschüssel ca. 3 Min. verrühren. Anschließend Mehl und Backpulver unterheben und alles zu einem homogenen Teig verrühren.

2 Die Petersilie waschen, trocken schütteln, Blätter abzupfen und fein hacken. Käse klein bröseln und mit gehackter Petersilie unter den Teig heben.

3 Öl in einer beschichteten Pfanne erhitzen (der Pfannenboden sollte bei jeder Portion leicht bedeckt sein), portionsweise den Teig hineingießen und bei mittlerer Hitze die Pfannkuchen von beiden Seiten goldbraun backen. (Es sollten 8 fluffige Pfannkuchen entstehen.) Unbedingt warm servieren!

MÜCVER MIT GOUDA AUS DEM BACKOFEN *Fırında Mücver*

Nicht wundern: Diese „Mücver“ schmecken ganz anders als die aus der Pfanne von S. 34. Sie bestehen zum einen aus anderen Zutaten und werden außerdem im Ofen gebacken. Deshalb lohnt es sich, beide Rezepte einmal auszuprobieren. Mein Mann jedenfalls kann sich auch nach Jahren nicht entscheiden, welche „Mücver“ er bevorzugt. Es bleibt euch also nichts anderes übrig, als sie selbst zu testen.

ca. 1 Std. 20 Min. **möglich**

Für 8 Personen

Olivenöl
3 mittelgroße Zucchini
2 Möhren
2 große fest- oder mehligkochende Kartoffeln
2 große Zwiebeln
1 Fleischtomate
1 Bund Petersilie
3 Bio-Eier
250 g Gouda
3 EL Maismehl
3 EL Weizenvollkornmehl
3 EL Weizenmehl
16 g Backpulver
Salz
schwarzer Pfeffer
Chiliflocken (nach Belieben)

Zum Garnieren
½ TL Sesam
½ TL Schwarzkümmel

1 Den Backofen auf 200 °C (Ober-/Unterhitze) vorheizen und ein Backblech mit Öl ausstreichen.

2 Zucchini und Möhren putzen und waschen. Kartoffeln und Zwiebeln schälen und mit Zucchini und Möhren in eine große Schüssel fein raspeln.

3 Die Tomate überbrühen, enthäuten, entkernen und in Würfel schneiden. Die Petersilie waschen, trocken schütteln, Blätter abzupfen und fein hacken. Klein geschnittene Tomate, gehackte Petersilie, Eier, Käse, Mehle, Backpulver, 4 EL Öl, Salz, Pfeffer und nach Belieben Chili in die Schüssel zur Zucchini-Möhren-Kartoffel-Masse geben. Alles gut vermengen.

4 Die Masse auf dem Backblech gleichmäßig verteilen und mit Sesam und Schwarzkümmel bestreuen.

5 Das Backblech in den heißen Ofen (Mitte) schieben und die Mücver ca. 40 Min. backen.

MAMAS TIPP

Solltet ihr unter einer Gluten- oder Weizenunverträglichkeit leiden, könnt ihr auch ausschließlich Maismehl (dann 9 EL) verwenden!

SHAKSHUKA TÜRKISCHE ART

Şakşuka

Lasst euch nicht verwirren, ihr werdet hier keine tierischen Produkte finden: In der Türkei kocht man „Şakşuka" traditionell ohne Ei, dafür mit viel Gemüse. Man isst es als Vorspeise (Meze), als Hauptgericht kann es aber ebenfalls verzücken. Eurer Fantasie sind dabei keine Grenzen gesetzt: Ihr könnt auch Kartoffeln dazugeben, es mit Joghurt servieren oder mit „Pul Biber" (Chiliflocken) würzen, bis der Arzt kommt. Seid kreativ!

ca. 40 Min.
Für 6 Personen

4-5 Auberginen
Olivenöl

Für die Soße
2 mittelgroße Zwiebeln
6 Knoblauchzehen
5 grüne Spitzpaprika
4-5 Tomaten
Olivenöl
1 TL Zucker
Salz
schwarzer Pfeffer
Chiliflocken (nach Belieben)

Zum Garnieren
glatte Petersilie

1 Die Auberginen waschen, vom Strunk befreien und in Würfel schneiden. Reichlich Öl in einer Pfanne erhitzen und die Auberginenwürfel darin hellbraun braten. Dann auf einem Küchenpapier abtropfen lassen.

2 Zwiebeln und Knoblauch schälen und fein hacken. Paprika waschen, Strunk und Kerne entfernen und in kleine Stücke schneiden. Tomaten überbrühen, enthäuten und in Würfel schneiden.

3 Für die Soße Öl in einer Pfanne erhitzen und zuerst gehackte Zwiebeln, gehackten Knoblauch und Paprikastücke darin anrösten. Dann Tomatenwürfel und Zucker dazugeben, mit Salz, Pfeffer und nach Belieben mit Chili würzen. 1 EL Wasser dazugeben und so lange bei mittlerer Hitze dünsten, bis alles eine hellbraune Farbe angenommen hat.

4 Inzwischen die Petersilie waschen, trocken schütteln, Blätter abzupfen und fein hacken. Dann die Auberginenwürfel mit der Soße vermengen und mit gehackter Petersilie garnieren.

„Şakşuka" sollte nicht mit „Menemen" (S. 42) verwechselt werden, denn das wird wirklich mit Ei, dafür ohne Aubergine zubereitet. Falls ihr eine fettärmere Variante bevorzugt: In der Türkei werden seit einiger Zeit die Auberginen nicht mehr in der Pfanne gebraten, sondern mit Öl und Salz im Ofen gegart. So spart man sich eine Menge Fett.

TOMATEN-PAPRIKA-PFANNE MIT EI *Menemen*

Vorhang auf für den beliebtesten Frühstücksklassiker der türkischen Küche: „Menemen“! Ein Frühstück ohne „Menemen“ ist wie Istanbul ohne die Hagia Sophia. Einfach undenkbar! Die Zubereitung klingt simpel, kann einen aber auch zur Verzweiflung bringen – zum Beispiel wenn man es für einen Experten zubereitet. Mein Mann ist ein wirklich guter Koch, aber er scheiterte immer wieder daran, ein echtes „Menemen“ zu zaubern. Das Verhältnis Tomaten zu Paprika muss stimmen, man muss die Tomaten einkochen lassen und die Eier zum richtigen Zeitpunkt dazugeben. Und: In ein echtes „Menemen“ gehört KEIN Tomatenmark. Das war nämlich die fatale Idee meines Ehemannes. Tja, hätte er vorher Mamas Rezept gelesen, wäre das nicht passiert.

30-40 Min.

Für 5 Personen

1 Zwiebel
1 rote Spitzpaprika
1 grüne Spitzpaprika
1 gelbe Spitzpaprika
3 mittelgroße Tomaten
Olivenöl
Salz
schwarzer Pfeffer
Chiliflocken (nach Belieben)
4-5 Bio-Eier

Zum Garnieren
glatte Petersilie

1 Die Zwiebel schälen und in Würfel schneiden. Die Paprika waschen, Strunk und Kerne entfernen und in Würfel schneiden. Die Tomaten überbrühen, enthäuten, entkernen und ebenfalls in Würfel schneiden.

2 Öl in einer Pfanne erhitzen und Zwiebelwürfel darin glasig dünsten. Paprikawürfel dazugeben und bei mittlerer Hitze anrösten. Dann die Tomatenwürfel zugeben und das Gemüse weitere 10 Min. köcheln lassen. Anschließend mit Salz, Pfeffer und nach Belieben mit Chili würzen. Alles gut vermengen.

3 Die Eier über das Gemüse in die Pfanne schlagen, verrühren und so lange köcheln lassen, bis sie zu stocken beginnen.

4 Inzwischen die Petersilie waschen, trocken schütteln, Blätter abzupfen und fein hacken. Dann über das „Menemen“ streuen. Unbedingt heiß servieren!

MAMAS TIPP

„Käsefans – zu denen auch ich mich zähle – können noch Gouda darüberreiben, nachdem die Eier gestockt sind. Das „Menemen“ sollte dann so lange auf der ausgeschalteten Herdplatte ziehen, bis der Käse Fäden zieht.

ZARTES JOGHURTGEBÄCK MIT KÄSE *Yoğurtlu Kabartma Tozlu Poğaça*

So lange, wie es dauert, dieses Gebäck auf Türkisch auszusprechen, wird sich auch euer „mhmm“ ziehen, wenn ihr es danach probieren könnt. Und sollte eure nächste Party mal ein bisschen mehr Pep benötigen als das übliche Knoblauchbaguette, kann ich euch nur empfehlen, dieses Rezept zu testen. Durch das Backpulver gelingt es immer. Allerdings müsst ihr mit großzügigen Mengen planen, denn sie gehen weg wie warme Käsesemmeln.

ca. 1 Std. 30 Min.

Für 8–10 Personen

1 Bio-Ei
250 g Joghurt (3,5 % Fett)
100 ml Olivenöl
1 EL Zucker
500 g Weizenmehl (Type 405)
32 g Backpulver
1 TL Salz

Für die Füllung
1 Bund glatte Petersilie
250 g Schafskäse

Zum Garnieren
Sesam
Schwarzkümmel

1 Ei trennen und Eigelb beiseitestellen. Dann Eiweiß, Joghurt, Öl und Zucker in einer Rührschüssel verrühren. Mehl, Backpulver und Salz dazugeben und so lange mit den Händen kneten, bis ein homogener, weicher Teig entstanden ist. Nach Bedarf weiteres Öl dazugeben. (In der Türkei sagt man: „Der Teig muss weich wie ein Ohrläppchen sein.“)

2 Den Backofen auf 180 °C (Ober-/Unterhitze) vorheizen und zwei Backbleche mit Backpapier auslegen.

3 Für die Füllung Petersilie waschen, trocken schütteln, Blätter abzupfen und mit Käse fein hacken. Alles gut vermengen.

→ *weiter auf Seite 46*

4 Den Teig auf eine leicht bemehlte Arbeitsfläche geben, in 16 gleich große Stücke teilen und jedes Teigstück zu 1 golfballgroßen Kugel formen (Foto 1). Dann die Teigkugel mit den Fingern zu einer kreisrunden Scheibe mit 9 cm Durchmesser flach drücken (Foto 2). Jeweils 1½ EL der Füllung mittig auf jeweils 1 Teigfladen setzen (Foto 3). Den Teig an den Rändern mit Wasser befeuchten, zu einem Halbmond zusammenklappen und die Teigränder festdrücken (Foto 4). Die Teigstücke mit genügend Abstand auf die Backpapiere setzen. (Es passen ca. 8 Teigstücke auf ein Backblech.)

5 Eigelb verquirlen, die Teigstücke damit bestreichen und mit Sesam und Schwarzkümmel bestreuen.

6 Dann das Backblech in den heißen Ofen (Mitte) schieben und die Joghurtgebäcke in 25–30 Min. goldbraun backen. Diesen Vorgang mit dem zweiten Backblech wiederholen.

1

2

3

4

TÜRKISCHES KÄSEGEBÄCK

Peynirli Çörek Poğaça

ca. 2 Std.

Für 10 Personen

100 ml Milch
100 ml Olivenöl
1 Ei
7 g Trockenhefe
1 EL Zucker
mind. 400 g Weizenmehl (Type 405)
1 TL Salz

Für die Füllung

1 Bund glatte Petersilie
250 g Schafskäse

Zum Garnieren

2 Eigelb
Sesam
Schwarzkümmel

1 100 ml lauwarmes Wasser, Milch, Öl, Ei, Hefe und Zucker in einer Rührschüssel verrühren (S. 50, Foto 1). Mehl und Salz dazugeben und so lange mit den Händen kneten, bis ein homogener, weicher Teig entstanden ist. Nach Bedarf weiteres Mehl dazugeben. (In der Türkei sagt man: „Der Teig muss weich wie ein Ohrläppchen sein.")

2 Den Teig abdecken, mindestens 1 Std. an einem warmen Ort ruhen lassen und zwei Backbleche mit Backpapier auslegen. (Die Profis unter euch können den Teig bei 30–40 °C Ober-/Unterhitze im Ofen fermentieren. Oder die Rührschüssel in eine größere Schüssel mit warmem Wasser geben – durch das Wasserbad geht der Teig schneller auf.)

3 Inzwischen für die Füllung Petersilie waschen, trocken schütteln, Blätter abzupfen und mit Käse fein hacken. Alles gut vermengen.

→ *weiter auf Seite 50*

4 Den Teig auf eine leicht bemehlte Arbeitsfläche geben, in 18–20 gleich große Stücke teilen und jedes Teigstück zu 1 golfballgroßen Kugel formen (Foto 2). Dann die Teigkugel mit den Fingern zu einer kreisrunden Scheibe mit 9 cm Durchmesser flach drücken. Jeweils 1 EL der Füllung mittig auf jeweils 1 Teigfladen setzen (Foto 3). Den Teig an den Rändern mit Wasser befeuchten, zu einem Halbmond zusammenklappen und die Teigränder festdrücken. Die Teigstücke mit genügend Abstand auf die Backpapiere setzen. (Es passen ca. 9–10 Teigstücke auf ein Backblech.)

5 Eigelbe verquirlen, die Teigstücke damit bestreichen und mit Sesam und Schwarzkümmel bestreuen (Foto 4). Ca. 15 Min. an einem warmen Ort ruhen lassen.

6 Inzwischen den Backofen auf 180 °C (Ober-/Unterhitze) vorheizen.

7 Dann ein Backblech in den heißen Ofen (Mitte) schieben und die Käsegebäcke in 25–30 Min. goldbraun backen. Diesen Vorgang mit dem zweiten Backblech wiederholen.

1

2

3

4

KARTOFFEL„BRÖTCHEN" MIT HACKFLEISCH

Kıymalı Rulo Patates

An alle Leser, die eine Weizen- oder Glutenunverträglichkeit haben: Ich weiß, wie ihr leidet, wenn alle anderen leckere Backwaren auf einer Party verdrücken und ihr resigniert nach ein paar Kartoffelchips fragen müsst. Genau deshalb habe ich meine Mama beauftragt, für euch nach einer Alternative zu suchen, die keine Notlösung ist! Natürlich hatte sie gleich eine Idee: Diese „Brötchen" (eigentlich handelt es sich um eine gefüllte Kartoffelrolle, die an ein in Scheiben geschnittenes Brötchen erinnert) bestehen garantiert zu null Komma null Prozent aus Mehl und werden sogar die Weizenbrötchenfans in null Komma nichts erobern.

ca. 1 Std. 30 Min.

Für 8 Personen

4 mittelgroße mehligkochende Kartoffeln
½ Bund glatte Petersilie
3 Bio-Eier
230 g geriebener Gouda
1–2 TL Salz
schwarzer Pfeffer

Für die Füllung

2 rote Spitzpaprika
1 grüne Spitzpaprika
2 Zwiebeln
4 Knoblauchzehen
2 EL Olivenöl
350 g Rinderhackfleisch
1 EL Tomatenmark
1–2 TL Salz
schwarzer Pfeffer
1 TL Chilipulver

Zum Garnieren

glatte Petersilie

1 Den Backofen auf 180 °C vorheizen und ein Backblech mit Backpapier auslegen.

2 Die Kartoffeln schälen, waschen und fein raspeln. Dann in einem Tuch kräftig ausdrücken und von überschüssigem Wasser befreien (S. 54, Foto 1). Die Petersilie waschen, trocken schütteln, Blätter abzupfen und fein hacken.

3 Geriebene Kartoffeln, Eier, 150 g Käse und gehackte Petersilie in eine tiefe Schüssel geben, mit Salz und Pfeffer würzen. Alles gut vermengen.

4 Die Kartoffel-Käse-Petersilien-Masse gleichmäßig ca. 0,5 cm dick auf das Backpapier streichen (S. 55, Foto 2). Dann das Backblech in den heißen Ofen (Mitte) schieben und die Masse in ca. 20 Min. goldbraun backen.

5 Inzwischen für die Füllung Paprika waschen, Strunk und Kerne entfernen und in Würfel schneiden. Zwiebeln und Knoblauch schälen und fein hacken.

→ *weiter auf Seite 54*

6 Öl in einer Pfanne erhitzen und Hackfleisch darin anbraten. Das vorbereitete Gemüse dazugeben und Tomatenmark unterrühren. Alles gut vermengen und bei mittlerer Hitze ca. 5 Min. weiterbraten. 200 ml heißes Wasser auf das Hackfleischgemüse gießen, mit Salz, Pfeffer und Chili würzen. Alles so lange einkochen, bis das Wasser verdunstet ist.

7 Die Masse nach der Backzeit aus dem Ofen nehmen, das Hackfleischgemüse gleichmäßig daraufgeben (Foto 3) und mithilfe des Backpapieres aufrollen (Foto 4).

8 Die gefüllte Kartoffelrolle mit 80 g Käse bestreuen und im heißen Ofen (Mitte) weitere 10–15 Min. bei 180 °C (Ober-/Unterhitze) überbacken, bis der Käse goldbraun ist.

9 Inzwischen zum Garnieren die Petersilie waschen, trocken schütteln, Blätter abzupfen und fein hacken. Die gefüllte Kartoffelrolle nach der Backzeit aus dem Ofen nehmen, in Scheiben schneiden, mit Petersilie garnieren und warm servieren.

MAMAS TIPP

Die „Kıymalı Rulo Patates" ist richtig gehaltvoll. Daher passt ein kleiner gemischter Salat perfekt dazu und reduziert gleichzeitig das schlechte Gewissen.

1

2

3

4

ZIGARREN-BÖREK

Sigara Böreği

Diese Börek-Art kann man natürlich – und Gott sei Dank! – nicht rauchen, aber sie erinnern in ihrer Form an kleine Zigarren und heißen deshalb so. Als Meze, aber auch als Partygebäck sind sie in der Türkei beliebt und werden auch in Deutschland immer häufiger angeboten. Kein Wunder: Sie sind warm, lauwarm oder kalt ein wahrer Genuss, schnell gemacht und liegen dazu noch perfekt in der Hand. Für ihre Zubereitung wird im türkischen Supermarkt spezieller dreieckiger Blätterteig angeboten, der „Üçgen Yufka". Falls ihr ihn mal nicht bekommt, könnt ihr stattdessen normalen Blätterteig verwenden und ihn jeweils in der Mitte schräg zuschneiden.

ca. 1 Std. 30 Min.
Für 10 Personen

1 Bund glatte Petersilie
400 g Schafskäse
360 g dreieckiger Blätterteig „Üçgen Yufka" (aus dem türkischen Supermarkt)
Olivenöl

1 Die Petersilie waschen, trocken schütteln, Blätter abzupfen und mit dem Käse fein hacken. Alles gut vermengen.

2 Ein Schälchen mit kaltem Wasser bereitstellen. Dann ein dreieckiges Yufkateigblatt nehmen und auf die breite Seite 1 EL der Petersilien-Käse-Masse geben. Die Ecken des Blätterteigs einklappen und die Teigplatte aufrollen. Dabei die Spitze leicht mit kaltem Wasser anfeuchten und nach dem Aufrollen gut andrücken. (Das Wasser dient als Kleber, der das Röllchen zusammenhält.) Ebenso mit den anderen Yufkateigblättern verfahren. (Es sollten 23 „Sigara Böreği" entstehen.)

3 Reichlich Öl in einer Pfanne erhitzen und die Blätterteigröllchen von beiden Seiten bei mittlerer Hitze ca. 5 Min. darin braten. Auf einem Küchenpapier abtropfen lassen.

BÖREK AUS DER PFANNE

Tava Böreği

ca. 20 Min.

Für 4–6 Personen

4 EL Olivenöl
4 Blätter Yufkateig
250 g dünne Scheiben Gouda
2 EL Milch

1 1½ EL Öl in einer Pfanne bei schwacher Hitze erhitzen. 2 Yufkateigblätter hineingeben, Käsescheiben gleichmäßig darauf verteilen, mit Milch und 1½ EL Öl beträufeln. Restliche Yufkateigblätter so auf die Käse-Milch-Masse legen, dass sie vollständig bedeckt und das Börek überall gleich dick ist.

2 Restliches Öl auf die oberste Schicht gießen. Mit einem spitzen Messer Löcher in den Teig stechen, damit die Luft entweichen kann.

3 Das Börek ein- bis zweimal wenden und von beiden Seiten bei schwacher Hitze in 10–15 Min. goldbraun backen. (Unbedingt darauf achten, dass die Teigblätter nicht anbrennen.) In Stücke schneiden und warm servieren!

Wichtig! Das Börek muss die ganze Zeit bei schwacher Hitze gebraten werden, damit es gleichmäßig braun wird.

SUPPEN & EINTÖPFE

Çorbalar ve Türlüler

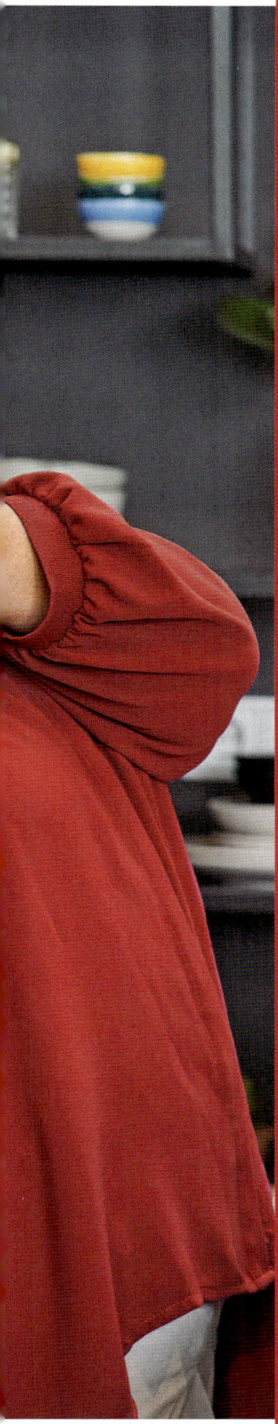

Kulinarische Köstlichkeit und Seelentröster

Da sage noch einer, die deutsche und die türkische Kultur hätten keine Schnittpunkte. Falsch! Je genauer ihr sie studiert, desto mehr Gemeinsamkeiten findet ihr – und das gilt auch für die Kulinarik. Nicht nur die Deutschen sind passionierte Suppenkasper, den Türken geht es nicht viel anders. Für eine heiße Linsensuppe, einen gehaltvollen Grünkohleintopf oder eine leckere Tomatensuppe lässt Türk:in alles stehen und liegen. Und für eine ausreichende Versorgung der hungrigen Mäuler stehen in jeder Gegend die „Çorbacı", die Suppenköchinnen und -köche in ihren Suppenhäusern bereit und warten auf ihre Gäste – oft 24 Stunden am Tag.

Selbst zu Hause fungieren Suppen und Eintöpfe als soziales Bindemittel: Falls ihr mal krank seid, schauen nämlich meist die Nachbarn und Freunde mit einer Suppe zur schnellen Genesung vorbei. Und da haben wir schon wieder einen kulturellen Schnittpunkt, gilt doch die gute alte Hühnersuppe in Deutschland als bestes Hausrezept gegen Erkältungskrankheiten.

Die nun folgenden Suppen und Eintöpfe sind aber viel zu schmackhaft und aromatisch, um sie als Notfallmedizin einzusetzen. Und selbst wenn euch eine türkische Mama dafür lynchen würde: Sollte euch ein Gewürz oder Gemüse in der Suppe fehlen, schmeißt es einfach mit in den Topf. Denn auch hier lautet meine Devise: „Diversity rules!"

MAMA MELEKS GESUNDHEITS-GEMÜSESUPPE *Annemin Sağlık Çorbası*

Mamas selbst kreierte Suppe ist in unserer Siedlung an der türkischen Ägäisküste der Hit. Mit ihr bleibt man gesund, stark und schlank, sie ist eine echte Gesundheitskeule. Eine Vertreterin für Olivenöl in unserer Nachbarschaft hat zudem bestätigt: Es ist wesentlich gesünder, das Öl erst später in den Topf zu geben, statt das Gemüse damit anzubraten. Probiert es doch mal aus, eure Gesundheit wird's euch danken.

35–45 Min.
Für 6 Personen

2 mittelgroße Zwiebeln
5 Knoblauchzehen
2 festkochende Kartoffeln
2 Fleischtomaten
2 rote oder grüne Spitzpaprika
2 Zucchini
1 Stück frischer Ingwer
2 Handvoll rote Linsen
4 EL Olivenöl
Salz
schwarzer Pfeffer
1 TL Kurkuma
1 TL Chiliflocken

1 Zwiebeln und Knoblauch schälen und grob hacken. Die Kartoffeln schälen, waschen und in dünne Scheiben schneiden. Die Tomaten waschen und vom Strunk befreien. Die Paprika waschen, Strunk und Kerne entfernen. Die Zucchini putzen und waschen. Tomaten, Paprika und Zucchini in grobe Stücke schneiden. Den Ingwer schälen und in feine Scheiben schneiden.

2 Die Linsen in ein Sieb geben, kalt abbrausen und abtropfen lassen. Gewaschene Linsen mit dem vorbereiteten Gemüse und dem Ingwer in einen Topf geben. Mit 1,5 l Wasser aufkochen und die Suppe mit halb geöffnetem Deckel bei mittlerer Hitze 20–25 Min. köcheln lassen, bis Linsen und Kartoffeln weich sind. Dabei gelegentlich umrühren.

3 Dann die Suppe mit dem Stabmixer fein pürieren, Öl dazugeben und mit Salz, Pfeffer, Kurkuma und Chili würzen.

MAMAS TIPP

Wer gerade keine Zucchini oder Paprika zur Hand hat, kann die Suppe auch mit Brokkoli, Sellerie, Blumenkohl oder Lauch kochen. Eurer Kreativität sind keine Grenzen gesetzt – nur Linsen, Zwiebeln und Kartoffeln müssen unbedingt hinein.

ROTE LINSENSUPPE MIT ZUCCHINI *Mercimek Çorbası*

Dieser Klassiker darf in keinem türkischen Kochbuch fehlen. In der Türkei trinkt diese Suppe (ja tatsächlich, im Türkischen wird Suppe – zumindest sprachlich gesehen – getrunken) wirklich jeder, und zwar zu jeder Tages- und Nachtzeit. Ich glaube fast: Ein Kebab-Restaurant in der Türkei, das keine Linsensuppe anbietet, hat null Überlebenschance und eine Mutter, die sie nicht zubereiten kann, sieht sich dem Spott der Familie ausgesetzt. Aber keine Angst, gebt euch keine Blöße und probiert sie aus. Es ist kein Wunder, dass ein ganzes Volk nach ihr verrückt ist … Ich bin es natürlich auch! Mama fügt, damit sie noch gesünder ist, Zucchini hinzu.

35–45 Min.

Für 5–7 Personen

2 Zwiebeln
2 mehligkochende Kartoffeln
3 Zucchini
3 Tomaten (alternativ: 1 EL Tomatenmark)
4–5 Minzeblätter (nach Belieben)
200–250 g rote Linsen
1 l kochend heißes Wasser
400 g gehackte Tomaten (aus der Dose)
4 EL Olivenöl
Salz
schwarzer Pfeffer
1 TL Kurkuma

1 Die Zwiebeln schälen und in grobe Stücke schneiden. Die Kartoffeln schälen, waschen und in grobe Scheiben schneiden. Die Zucchini putzen, waschen und in feine Würfel schneiden. Die Tomaten überbrühen, enthäuten, entkernen und in kleine Stücke schneiden. Gegebenenfalls die Minze waschen, trocken schütteln und fein hacken.

2 Die Linsen in ein Sieb geben, kalt abbrausen und abtropfen lassen. Gewaschene Linsen mit Zwiebelstücken, Kartoffelscheiben und Zucchiniwürfel in einen Topf geben und Wasser zugießen. Tomatenstücke und Dosentomaten dazugeben. Die Suppe aufkochen und mit halb geöffnetem Deckel bei schwacher bis mittlerer Hitze in 20–25 Min. fertig garen. Dabei gelegentlich umrühren.

3 Dann die Suppe mit dem Stabmixer fein pürieren, Öl dazugeben und mit Salz, Pfeffer, Kurkuma und nach Belieben mit gehackter Minze würzen. Je nach Konsistenz kochendes Wasser zugießen.

MAMAS TIPP

Statt Zucchini passt auch Brokkoli (500 g) sehr gut.

GRÜNE LINSENSUPPE

Yeşil Mercimek Çorbası

35–45 Min.
plus 24 Std. Quellzeit
Für 5–7 Personen

200 g grüne Linsen
2 Zwiebeln
5 Knoblauchzehen
3–4 El Olivenöl
400 g gehackte Tomaten (aus der Dose; alternativ: 1 EL Tomatenmark)
1 Handvoll Ditalini (kurze geriffelte Nudeln)
Salz
schwarzer Pfeffer
1 TL gemahlener Kurkuma

1 Grüne Linsen in reichlich kaltem Wasser 24 Std. einweichen. Nach der Quellzeit in ein Sieb geben, kalt abbrausen und abtropfen lassen.

2 Zwiebeln und Knoblauch schälen und fein hacken. Öl in einem großen Topf erhitzen und gehackte Zwiebeln und gehackten Knoblauch bei mittlerer Hitze darin andünsten. Dosentomaten dazugeben und alles 2–3 Min. köcheln lassen. Dann gewaschene Linsen dazugeben, 1 l Wasser zugießen und weitere 5 Min. köcheln lassen.

3 Anschließend die Nudeln dazugeben und mit Salz, Pfeffer und Kurkuma würzen. Die Suppe aufkochen und mit halb geöffnetem Deckel bei schwacher bis mittlerer Hitze in ca. 20 Min. fertig garen. (Linsen und Nudeln sollten weich sein.) Dabei gelegentlich umrühren und je nach Konsistenz kochendes Wasser zugießen.

MAMAS TIPP

Solltet ihr keine Zeit gehabt oder vergessen haben, die Linsen am Vorabend einzuweichen, könnt ihr sie zunächst waschen und dann in einem Topf mit Wasser 10–15 Min. kochen.

TÜRKISCHER FLEISCHEINTOPF

Tas Kebabı

Wenn ihr denkt, Gulasch könnten nur die Ungarn, werdet ihr erstaunt sein. In der Türkei nennen wir das Gericht zwar nicht Gulasch und die Paprikaschoten stehen nicht ganz so im Mittelpunkt wie bei seiner Schwester aus der Puszta, aber verstecken muss sich der „Tas Kebabı" bestimmt nicht. Und vielleicht ist er ja auch bald gern gesehener Gast in eurer Küche. Ich würde ihn jedenfalls nicht von der Herdplatte stoßen ...

1 Std. 10–20 Min.

Für 4–5 Personen

6 mittelgroße Zwiebeln
8–10 Knoblauchzehen
1 Stück frischer Ingwer (nach Belieben)
4 EL Olivenöl
1 kg mageres Rindergulasch
½ EL Tomatenmark
400 g gehackte Tomaten (aus der Dose)
Salz
schwarzer Pfeffer
1 TL Kurkuma (nach Belieben)
350 ml kochend heißes Wasser
1 rote Paprika
1 gelbe Paprika

1 Zwiebeln und Knoblauch schälen. Zwiebeln vierteln und Knoblauch grob hacken. Gegebenenfalls den Ingwer schälen und in feine Scheiben schneiden.

2 Öl in einem großen Topf erhitzen und Rindergulasch 5–10 Min. darin scharf anbraten. Dann geviertelte Zwiebeln, gehackter Knoblauch und Tomatenmark dazugeben und weitere 3 Min. braten. Anschließend Dosentomaten dazugeben und alles weitere 5 Min. köcheln lassen. Mit Salz, Pfeffer und nach Belieben mit Kurkuma und Ingwer würzen. 100 ml kochendes Wasser zugießen und mit geschlossenem Deckel weitere 10 Min. köcheln lassen.

3 Inzwischen die Paprika waschen, Strunk und Kerne entfernen und in grobe Stücke schneiden. Dann zum Eintopf geben, alles mit Salz abschmecken und weitere 2–3 Min. köcheln lassen. Restliches kochendes Wasser nach und nach zugießen und weitere 45 Min. köcheln lassen. Dabei immer wieder umrühren und nach ca. 35 Min. überprüfen, ob das Fleisch gar ist. Hierzu schmeckt „Pilaw nach Mama Meleks Art" am besten (S. 124).

GRÜNKOHLSUPPE VOM SCHWARZEN MEER *Karalahana Çorbası*

Grünkohl ist ein absoluter kulinarischer Liebling des Schwarzen Meeres und auch des Ortes, aus dem meine Familie stammt. Dort isst der eine seinen Kohl lieber „suppig", der andere hingegen lieber saftig, aber nicht so flüssig. Je nachdem, zu welcher Fraktion ihr euch zählt, könnt ihr die gehackten Tomaten gegen das Tomatenmark austauschen und entweder mehr oder weniger Wasser hinzufügen.

ca. 1 Std.

Für 6–8 Personen

600–800 g Grünkohl (alternativ: TK-Ware oder Grünkohl aus dem Glas)
3 Zwiebeln
5 EL Olivenöl
400 g gehackte Tomaten (aus der Dose; alternativ: 1 EL Tomatenmark)
225 g Kidneybohnen (Abtropfgewicht; aus der Dose) oder 240 g dicke weiße Bohnen (Abtropfgewicht; aus der Dose)
140 g Mais (Abtropfgewicht; aus der Dose)
Salz
schwarzer Pfeffer
Chiliflocken
200–400 ml kochend heißes Wasser (nach Belieben)

1 Den Grünkohl putzen, waschen, harte Strünke entfernen und sehr fein hacken. In kochendem Wasser 10–15 Min. garen, dann in ein Sieb abgießen und abtropfen lassen (dadurch verliert der Grünkohl seine Bitterstoffe).

2 Inzwischen die Zwiebeln schälen und fein hacken. Öl in einem großen Topf erhitzen und gehackte Zwiebeln ca. 5 Min. darin andünsten. Die Dosentomaten dazugeben und weitere 5 Min. köcheln lassen.

3 Dann gehackten Grünkohl, Dosenbohnen und -mais dazugeben. Mit Salz, Pfeffer und Chili würzen. Alles gut verrühren und weitere 30–40 Min. köcheln lassen. Nach Belieben kochendes Wasser zugießen.

MAMAS TIPP

Mit einem Schnellkochtopf gelingt dieses Gericht schon in 10 Minuten – vor allem ein gefrorener Grünkohl wird schneller gar.

VEGANER RIESENBOHNEN-EINTOPF *Kuru Fasulye*

„Kuru Fasulye" ist ein absoluter Klassiker, der in der Türkei geliebt und tagein, tagaus konsumiert wird. Das Tolle daran: Ihr könnt euch hier total austoben. Ihr dürft Fleisch, Kartoffeln, Paprika und Zucchini dazugeben, Joghurt verwenden oder aber die von meiner Mama bevorzugte vegane Version mit Tomaten zubereiten. Es gibt nur zwei Regeln: Riesenbohnen müssen hinein und zusammen mit Zwiebeln, reichlich Knoblauch und den Gewürzen angeröstet werden, bevor alle weiteren Zutaten im Topf landen. Und: Es müssen nicht zwingend frische Bohnen verwendet werden – die weißen Riesenbohnen aus der Dose tun es auch.

ca. 1 Std. 10 Min. plus 12 Std. Quellzeit

35–40 Min. (bei Dosenbohnen)

Für 6 Personen

500 g getrocknete weiße Riesenbohnen (alternativ: 750 g weiße Riesenbohnen aus der Dose; Abtropfgewicht)
3 Zwiebeln
5–6 Knoblauchzehen
1 Stück frischer Ingwer
Olivenöl
2 EL Tomatenmark
Salz
schwarzer Pfeffer
2 TL Kurkuma
2 TL gemahlener Kreuzkümmel
1 TL Chiliflocken
800 g gehackte Tomaten (aus der Dose)

Zum Garnieren
3 Stängel glatte Petersilie

1 Die Bohnen in reichlich kaltem Wasser 12 Std. einweichen. Nach der Quellzeit in ein Sieb geben, kalt abbrausen und abtropfen lassen.

2 Zwiebeln, Knoblauch und Ingwer schälen und fein hacken. Reichlich Öl in einem großen Topf erhitzen und gehackte Zwiebeln bei mittlerer Hitze darin glasig dünsten. Gehackten Knoblauch, gewaschene Riesenbohnen, Tomatenmark, die Gewürze und Ingwer dazugeben und 1–2 Min. anrösten.

3 Gemüse mit Dosentomaten ablöschen, mit Salz abschmecken und 1 l Wasser aufgießen. Den Eintopf aufkochen und mit geschlossenem Deckel bei schwacher bis mittlerer Hitze in ca. 60 Min. fertig garen. (Die Rezeptvariante mit den Dosenbohnen benötigt 25–30 Min. Beide Male sollten die Bohnen weich, aber nicht verkocht sein.)

4 Inzwischen die Petersilie waschen, trocken schütteln, Blätter abzupfen und fein hacken. Den Riesenbohneneintopf nach der Garzeit mit Salz und Pfeffer abschmecken und mit gehackter Petersilie garnieren.

TÜRKISCHES SOMMER-ALLERLEI *Yaz Türlüsü*

1 Std. 10–15 Min.

Für 4 Personen

2 festkochende Kartoffeln
2 Auberginen
2 große Fleischtomaten (alternativ: 400 g geschälte Tomaten; aus der Dose)
2 rote Spitzpaprika
2 grüne Spitzpaprika
200 g grüne Bohnen
2 Zucchini
4 mittelgroße Zwiebeln
5 Knoblauchzehen
6 EL Olivenöl
1 EL Tomatenmark
1 EL Paprikamark
Salz
schwarzer Pfeffer
Chiliflocken (nach Belieben)
200 ml kochend heißes Wasser

1 Kartoffeln und Auberginen schälen und waschen, Kartoffeln in kleine Stücke schneiden. Auberginen vom Strunk befreien und in kleine Würfel schneiden. Die Tomaten überbrühen, enthäuten, entkernen und in kleine Stücke schneiden. Die Paprika waschen, Strunk und Kerne entfernen und in kleine Stücke schneiden. Bohnen und Zucchini putzen, waschen und ebenfalls in kleine Stücke schneiden. Zwiebeln und Knoblauch schälen und fein hacken.

2 Öl in einem großen Topf erhitzen und zunächst Kartoffel-, Tomaten-, Paprika- und Bohnenstücke bei mittlerer Hitze darin anrösten. Dann gehackte Zwiebeln, Tomaten-, Paprikamark und gehackten Knoblauch dazugeben. Alles gut verrühren und kräftig mit Salz, Pfeffer und nach Belieben mit Chili würzen. 200 ml kochendes Wasser zugießen und das Allerlei mit geschlossenem Deckel bei schwacher bis mittlerer Hitze ca. 20 Min. köcheln lassen.

3 Anschließend Auberginenwürfel und Zucchinistücke dazugeben, mit Salz und Pfeffer abschmecken. Dann Wasser zugießen, bis das Gemüse vollständig bedeckt ist. Das Allerlei aufkochen und mit geschlossenem Deckel bei schwacher bis mittlerer Hitze weitere 30 Min. köcheln lassen. (Das Gericht ist fertig, sobald das Gemüse gar ist.) Noch mal mit Salz, Pfeffer und nach Belieben mit Chili abschmecken.

MAMAS TIPP

Dieses Gericht schmeckt natürlich am allerbesten, wenn ihr aromatische rote Tomaten verwendet. Falls die Tomaten im Winter jedoch eher gut aussehen, als dass sie süßlich-aromatisch schmecken, tun es geschälte Dosentomaten genauso.

TÜRKISCHES WINTER-ALLERLEI *Kış Türlüsü*

1 Kartoffeln und Aubergine schälen und waschen, Kartoffeln in Würfel schneiden. Aubergine vom Strunk befreien und in Würfel schneiden. Möhren putzen, schälen und ebenfalls in Würfel schneiden. Die Paprika waschen, Strunk und Kerne entfernen und in Würfel schneiden. Zucchini putzen, waschen und in Würfel schneiden. Zwiebeln und Knoblauch schälen und fein hacken. Das Hähnchenfleisch in Würfel schneiden.

2 Öl in einem großen Topf erhitzen und das Hähnchenfleisch ca. 2 Min. darin scharf anbraten. Zwiebeln dazugeben, die Hitze reduzieren und mit Salz, Pfeffer und Thymian würzen. Kartoffel-, Paprika- und Möhrenwürfel dazugeben, sobald die Zwiebeln leicht glasig sind. Dann Tomaten- und Paprikamark mitanrösten und alles mit 200 ml kochendem Wasser ablöschen. Das Allerlei mit geschlossenem Deckel bei mittlerer Hitze ca. 10 Min. köcheln lassen.

3 Anschließend Auberginen- und Zucchiniwürfel dazugeben, mit Salz und Pfeffer abschmecken. Dann Wasser zugießen, bis das Gemüse vollständig bedeckt ist. Das Allerlei aufkochen und mit geschlossenem Deckel bei schwacher bis mittlerer Hitze weitere ca. 30 Min. köcheln lassen. (Das Gericht ist fertig, sobald das Gemüse gar ist.) Noch mal mit Salz, Pfeffer und nach Belieben mit Chili abschmecken.

1 Std. 5–10 Min.
Für 4 Personen

2 festkochende Kartoffeln
1 Aubergine
1 Möhre
2 rote Spitzpaprika
2 grüne Spitzpaprika
1 Zucchini
2 Zwiebeln
5 Knoblauchzehen
2 Hähnchenbrustfilets
5 EL Olivenöl
Salz
schwarzer Pfeffer
getrockneter Thymian
1 EL Tomatenmark
1 EL Paprikamark
200 ml kochend heißes Wasser
Chiliflocken (nach Belieben)

TOMATENSUPPE MIT GOUDA

Kaşar Peynirli Domates Çorbası

ca. 45 Min.

Für 4 Personen

5 Tomaten
3 mehligkochende Kartoffeln
3 mittelgroße Zwiebeln
6 Knoblauchzehen
5 EL Olivenöl
1 EL Tomatenmark
200 g geriebener Gouda
Salz
schwarzer Pfeffer
Kurkuma (nach Belieben)
1 Prise Zucker (nach Belieben)
1 Schuss Apfelessig (nach Belieben)

1 Die Tomaten überbrühen, enthäuten, entkernen und in Würfel schneiden. Kartoffeln schälen, waschen und in Würfel schneiden. Zwiebeln und Knoblauch schälen und fein hacken.

2 Öl in einem großen Topf erhitzen und Kartoffeln und Zwiebeln bei mittlerer Hitze 2–3 Min. darin andünsten. Knoblauch und Tomatenmark dazugeben und mitanrösten. Sobald der Knoblauch eine hellbraune Farbe angenommen hat, Tomaten dazugeben und die Suppe bei starker Hitze ca. 5 Min. kochen lassen. Dabei gelegentlich umrühren. Das Gemüse mit ca. 1,2 l Wasser aufgießen, alles aufkochen und mit geschlossenem Deckel bei mittlerer Hitze ca. 20 Min. köcheln lassen.

3 Dann die Suppe mit dem Stabmixer fein pürieren, mit Salz und Pfeffer würzen und nach Belieben mit Kurkuma, Zucker und Essig abschmecken.

4 Die Suppe auf vier Suppenteller verteilen und Käse unterheben. Sobald er Fäden zieht, ist die Suppe besonders schmackhaft.

MAMAS TIPP

Die Mengenangabe beim Wasser ist reine Geschmackssache. Je nachdem, wie sämig oder flüssig ihr eure Suppe gern löffelt, könnt ihr einfach mehr oder weniger Wasser verwenden.

„DIE SUPPE DER HÜBSCHEN BRAUT“

Ezogelin Çorbası

Jetzt denkt bitte nicht, ich sei übergeschnappt: „Die Suppe der hübschen Braut“ gibt es wirklich! Die „Ezogelin Çorbası“ (Ezo = hübsch; Gelin = Braut; Çorbası = Suppe) ist sogar so berühmt, dass es hierzu eine Legende gibt. Danach zieht eine hübsche Braut mit ihrem frisch angetrauten Ehemann in ein neues Haus. Die Nachbarschaft ist derart neidisch auf das junge Glück, dass sie das Paar so lange mit ihren bösen Blicken trifft, bis das Glück zerbricht und sich die beiden scheiden lassen. Ganz allein ist die Hübsche nun zu Hause und hat kaum etwas zu essen - außer Linsen, Bulgur, Reis, Zwiebeln und natürlich Knoblauch. Daraus zaubert die Schönheit eine Suppe, die so köstlich ist, dass die Männerwelt von ihren Kochkünsten betört ist. Natürlich findet sie so sehr schnell einen noch schöneren Mann und lebt mit ihm glücklich bis ans Ende aller Tage. Also, vergesst Parship, ElitePartner und Co.: Kocht einfach „Ezogelin Çorbası“!

ca. 1 Std.

Für 6–8 Personen

6 gehäufte EL rote Linsen
2 EL grober Bulgur „Pilavlık Bulgur“ (aus dem türkischen Supermarkt)
3 EL Reis
1,8 l kochend heißes Wasser
2 Zwiebeln
5 Knoblauchzehen
4 EL Olivenöl
1 EL Tomatenmark
Salz
schwarzer Pfeffer
getrocknete Minze (alternativ: 1 Handvoll Minzeblätter, fein gehackt)
Chiliflocken
Saft von ½ Zitrone (nach Belieben)

1 Linsen, Bulgur und Reis in ein Sieb geben, kalt abbrausen und abtropfen lassen. Wasser in einen großen Topf gießen und gewaschene Linsen, Bulgur und Reis dazugeben. Alles aufkochen und mit halb geöffnetem Deckel bei mittlerer Hitze ca. 35 Min. köcheln lassen.

2 Inzwischen Zwiebeln und Knoblauch schälen und sehr fein hacken. Öl in einer Pfanne erhitzen und gehackte Zwiebeln darin leicht glasig dünsten. Dann Knoblauch und Tomatenmark dazugeben und mitanrösten. Sobald der Knoblauch eine hellbraune Farbe angenommen hat, die Pfanne vom Herd nehmen.

3 Dann die Zwiebel-Knoblauch-Mischung in den Topf zur Suppe geben. Alles gut verrühren und bei mittlerer Hitze weitere 10 Min. köcheln lassen. Mit Salz, Pfeffer, Minze und Chili würzen.

4 Die Suppe auf vier Suppenteller verteilen und nach Belieben mit Zitronensaft beträufeln.

HAUPT-
GERICHTE

Ana Yemekler

Geschmacksvielfalt rund um die Uhr

Lange habe ich darüber nachgedacht, was ich euch eigentlich zu den Hauptgerichten mitgeben möchte. Es ist nämlich nicht so einfach, weil „das Hauptgericht“ in der Türkei im Grunde alles sein kann, was kein Dessert ist und die Menschen pappsatt macht.

In Italien beispielsweise bekommt man häufig Pasta als Vorspeise, danach Fleisch oder Fisch als Hauptgericht; in Spanien wiederum wird (fast) alles in Tapasform gleichzeitig auf den Tisch gestellt – das alles hat Struktur. Türkische Hauptgerichte hingegen sind sehr vielseitig: gefüllte Paprika, Aufläufe mit oder ohne Fleisch, Bulgur oder gebackene Kartoffeln, Eierspeisen, Nudelgerichte … All das geht in der Türkei als Hauptgericht durch und deshalb dürft ihr euch auch nicht wundern, wenn es Gerichte wie „Frühstückseier mit Zucchini“ in dieses Kapitel geschafft haben.

Für den hungrigen Gast birgt das sehr viele Vorteile: Es wird dir in der Türkei niemals passieren, dass irgendein Gericht zu irgendeiner Tages- und Nachtzeit NICHT angeboten wird. Gastfreundschaft und die Liebe zur genussvollen Völlerei gehen eben als ewige Bestandteile der türkischen Kultur Hand in Hand. Zeigt sie bei eurem nächsten Abendessen mit guten Freunden bei euch zu Hause und probiert euch durch die Rezepte. Dann könnt ihr sicher sein: Sie werden immer wieder kommen …

HERZHAFTER FRENCH TOAST À LA TÜRKIYE *Yumurtalı Peynirli Ekmek Dilimleri*

Während in vielen Mittelmeerländern äußerst spartanisch gefrühstückt wird, lässt sich der Türke schon in den Morgenstunden nicht lumpen und frühstückt so reichhaltig und deftig, als gäbe es nicht nur kein Mittagessen, sondern überhaupt kein Morgen mehr. Beispiel gefällig? Eine herrliche Leckerei namens „Yumurtalı Ekmek“ wird in vielen Gegenden der Türkei gerne in rauen Mengen zum Frühstück verspeist – und auch hier muss ich euch vorwarnen: Die türkische Variante des French Toast hält allerhöchstes Suchtpotenzial bereit. Besonders gefährlich finde ich es in dieser Variante, in der noch Käse und Spitzpaprika aufs Brot kommen. So macht sie meine Mama gerne, wenn sie uns schon am Morgen mit aller Macht verwöhnen will. Aber eines ist auch klar: Dieses Brot ist eine ordentliche Mahlzeit und deshalb in diesem Kapitel genau richtig untergebracht!

ca. 45 Min. **möglich**
Für 4 Personen

½ Bund glatte Petersilie
4 Bio-Eier
400 g geriebener Gouda (alternativ: 300 g Schafskäse)
2 EL Olivenöl
Salz
Chiliflocken (nach Belieben)
8–9 Scheiben Vollkornbrot (alternativ: altbackenes Brot, glutenfreies Lieblingsbrot)

Zum Garnieren
2 Tomaten
2 rote Spitzpaprika
8 schwarze Oliven
1 EL Schwarzkümmel

1 Den Backofen auf 200 °C (Ober-/Unterhitze) vorheizen und ein Backblech mit Backpapier auslegen.

2 Die Petersilie waschen, trocken schütteln, Blätter abzupfen und sehr fein hacken. Eier und Käse in einer Rührschüssel verrühren, Öl und gehackte Petersilie dazugeben. Alles mit Salz und Chili würzen und verrühren.

3 Die Brotscheiben auf das Backpapier setzen und die Ei-Käse-Petersilien-Masse großzügig (2–3 EL pro Scheibe) auf die Brote verteilen.

4 Die Tomaten waschen, putzen und in Scheiben schneiden. Die Paprika waschen kommen, Strunk und Kerne entfernen und in Streifen schneiden. Jedes Brot mit jeweils 1 Tomatenscheibe, 1 Paprikastreifen und 1 Olive garnieren und mit etwas Schwarzkümmel bestreuen.

5 Dann das Backblech in den heißen Ofen (Mitte) schieben und den French Toast 15–20 Min. backen. Warm servieren.

„FRÜHSTÜCKSEIER“ MIT ZUCCHINI

Yumurtalı Kabak

ca. 30 Min.

Für 4 Personen

3 Zucchini
1 Tomate (alternativ: 4 rote oder grüne Spitzpaprika)
3 EL Olivenöl
Salz
1 TL schwarzer Pfeffer
1 TL Chiliflocken
1 TL Kurkuma (nach Belieben)
200 g junger Gouda
4 Bio-Eier

Zum Garnieren
1 Bund glatte Petersilie

1 Die Zucchini putzen, waschen und in kleine Stücke schneiden. Die Tomate überbrühen, enthäuten, entkernen und in Würfel schneiden. Öl in einer Pfanne erhitzen und Zucchinistücke darin glasig dünsten. Tomatenwürfel dazugeben und alles bei schwacher Hitze ca. 10 Min. weiterdünsten. Mit Salz, Pfeffer, Chili und nach Belieben mit Kurkuma würzen.

2 Käse in Streifen schneiden und in die Gemüsepfanne geben. Sobald er angeschmolzen ist, die Eier über das Gemüse in die Pfanne schlagen, verrühren und so lange weiterbraten (dabei unbedingt weiterrühren), bis sie zu stocken beginnen.

3 Die Petersilie, waschen, trocken schütteln, Blätter abzupfen und fein hacken. Anschließend über die „Frühstückseier“ streuen. Warm genießen!

ZUCCHINIKUCHEN

Yufkasız Kabak Böreği

50–60 Min.

Für 6 Personen

Olivenöl
4 Zucchini
5 Stängel glatte Petersilie
3 Bio-Eier
60 g Weizenmehl (Type 405)
16 g Backpulver
1 TL Salz
schwarzer Pfeffer
Chiliflocken (nach Belieben)
getrockneter Dill (nach Belieben)
150 g geriebener Cheddarkäse (alternativ: Gouda)

1 Den Backofen auf 180 °C (Ober-/Unterhitze) vorheizen und eine Auflaufform mit Öl ausstreichen.

2 Die Zucchini putzen, waschen und fein raspeln. Dann in einem Tuch kräftig ausdrücken und von überschüssigem Wasser befreien. Die Petersilie waschen, trocken schütteln, Blätter abzupfen und fein hacken.

3 Eier, Mehl, Backpulver, Salz, Pfeffer und nach Belieben Chili in einer Rührschüssel verrühren. 2 EL Öl, gehackte Petersilie und nach Belieben Dill dazugeben und alles gut verrühren. Die Zucchiniraspel zugeben und alles gut verrühren.

4 Den Zucchiniteig in die Form geben und im heißen Ofen (Mitte) 20–25 Min. backen. Aus dem Ofen nehmen, mit Käse bestreuen und weitere 10–15 Min. backen, bis der Käse goldgelb ist. Warm servieren!

PFANNKUCHEN-BÖREK

Krep Böreği

Crêpes sind großartig! Ich denke, da sind wir uns einig. Böreks aber auch, oder?! Und so dachte sich der Kulinariker am Bosporus: Dann machen wir doch einfach „Krep"-Böreks und schlagen zwei Fliegen mit einer Klappe. Das Rezept kombiniert das Gute aus Orient und Okzident und erspart uns gleichzeitig die komplexe Herstellung von Blätterteig. Clever!

ca. 45 Min.

Für 4 Personen

480 ml Milch
Olivenöl
2 Bio-Eier
1 TL Salz
140 g Weizenmehl (Type 405)

Für die Füllung

½ Bund glatte Petersilie
200 g Schafskäse (alternativ: 300 g geriebener Gouda)

Zum Garnieren (nach Belieben)

schwarzer Pfeffer

1 Milch, 2 EL Öl, Eier und Salz in einer Rührschüssel verrühren. Mehl unterheben und alles gut verrühren. (Der Teig sollte ausreichend flüssig sein.)

2 Für die Füllung die Petersilie waschen, trocken schütteln, Blätter abzupfen und mit dem Käse fein hacken.

3 Eine beschichtete Pfanne mit wenig Öl ausstreichen, dann erhitzen und 1 Schöpfkelle Teig hineingießen. Durch Schwenken dünn am Pfannenboden verteilen und den Teig von beiden Seiten bei mittlerer Hitze darin goldgelb backen. Diesen Vorgang so oft wiederholen, bis der Teig aufgebraucht ist.

4 Dann jeweils 1½ EL der Petersilien-Käse-Masse mittig auf jeweils 1 gebackenen Teigfladen setzen. Das vordere und hintere Teigdrittel zur Mitte hin über die Füllung klappen. Die beiden Enden ebenfalls zur Mitte hin einklappen (es sollte ein kleines Päckchen entstehen).

5 Etwas Öl in die Pfanne geben und die Pfannkuchen-Börek zuerst mit dem Schluss nach unten nach und nach bei mittlerer Hitze knusprig braten. Dann einmal wenden und den Vorgang wiederholen. Nach Belieben mit Pfeffer würzen.

MAMA MELEKS TÜLL-BÖREK

Tül Böreği

ca. 1 Std.

Für 6–7 Personen

Olivenöl
6 Blätter Yufkateig (1 kg; aus dem türkischen Supermarkt)
6 Bio-Eier
1 l Milch
Salz
500 g Schafskäse

Zum Garnieren
Sesam
Schwarzkümmel

Man kann „Tül Böreği“ problemlos einfrieren und portionsweise im Ofen aufbacken. Es schmeckt immer wie gerade frisch gebacken! Und falls ihr kein Backblech zur Hand habt: Eine Auflaufform tut’s auch.

1 Den Backofen auf 200 °C (Ober-/Unterhitze) vorheizen, ein tiefes Backblech mit Öl ausstreichen und 1 Yufkateigblatt darauflegen. (Es sollte den Boden des Backblechs vollständig bedecken; falls 1 Yufkateigblatt nicht ausreicht, 1 Stück eines weiteren Yufkateigblatts überlappend auf den Boden des Backblechs legen.)

2 1 Ei trennen und Eigelb beiseitestellen. Dann Eiweiß, restliche Eier, 150 ml Milch, Salz und 100 ml Öl in einer Rührschüssel verrühren.

3 3–4 Yufkateigblätter in kleine Stücke zupfen und zur Ei-Milch-Öl-Mischung dazugeben, alles gut vermengen. Käse klein bröseln, zugeben und alles gut vermengen. Die Mischung gleichmäßig auf das Yufkateigblatt des Backblechs verteilen und das restliche Yufkateigblatt bzw. die restlichen Yufkateigblätter darauflegen.

4 Restliche Milch mit beiseitegestelltem Eigelb vermengen und auf die oberste Schicht gießen. Mit einem spitzen Messer Löcher in den Teig stechen, damit die Luft entweichen kann. Mit Sesam und Schwarzkümmel bestreuen.

5 Das Backblech in den heißen Ofen (Mitte) schieben und das Börek in 25–30 Min. goldbraun backen. Aus dem Ofen nehmen und in kleine Quadrate schneiden. Warm schmeckt auch dieses Börek am besten.

BLUMENKOHLGRATIN

Fırında Karnabahar

ca. 1 Std.

Für 10 Personen

1 großer Blumenkohl
200 g geriebener Gouda

Für den Ausbackteig
½ Bund glatte Petersilie
3 Bio-Eier
500 g Joghurt (3,5 % Fett)
200 ml Milch
200 ml Olivenöl
3 EL Weizenmehl (Type 405)
16 g Backpulver
Salz
schwarzer Pfeffer
Chiliflocken

Zum Garnieren
2 Stängel glatte Petersilie

1 Den Backofen auf 200 °C (Ober-/Unterhitze) vorheizen.

2 Den Blumenkohl putzen, waschen und nach Belieben zerkleinern. Wasser in einem Topf erhitzen und die Blumenkohlstücke darin fertig garen. (Sie sollten weich, aber nicht verkocht sein.) Abkühlen lassen.

3 Inzwischen für den Ausbackteig die Petersilie waschen, trocken schütteln, Blätter abzupfen und fein hacken. Dann Eier, Joghurt, Milch und Öl in einer Rührschüssel verrühren. Mehl, Backpulver und gehackte Petersilie dazugeben. Alles mit Salz, Pfeffer und Chili würzen und verrühren.

4 Die abgekühlten Blumenkohlstücke durch den Ausbackteig ziehen, in eine Auflaufform geben und im heißen Ofen (Mitte) in ca. 20 Min. goldbraun backen. Aus dem Ofen nehmen, mit Käse bestreuen und weitere 10–15 Min. backen, bis der Käse goldgelb ist.

5 Inzwischen für die Garnitur die Petersilie waschen, trocken schütteln, Blätter abzupfen und fein hacken. Das Blumenkohlgratin nach der Backzeit aus dem Ofen nehmen und damit garnieren.

SPINATAUFLAUF MIT EI

Fırında Yumurtalı Ispanak

ca. 50 Min.

Für 4–6 Personen

1 kg frischer Blattspinat (alternativ: TK-Spinat)
2 Tomaten
3 Zwiebeln
4 EL Olivenöl
1 EL Tomatenmark
Salz
schwarzer Pfeffer
6 Bio-Eier
Chiliflocken

1 Den Backofen auf 180 °C (Ober-/Unterhitze) vorheizen.

2 Den Spinat von harten Strünken befreien, waschen, trocknen und in große Stücke schneiden. Die Tomaten überbrühen, enthäuten, entkernen und in Würfel schneiden. Zwiebeln schälen und fein hacken. Öl in einem großen Topf erhitzen und gehackte Zwiebeln darin glasig dünsten. Tomatenwürfel und -mark dazugeben und alles ca. 3 Min. weiterdünsten. Zerkleinerten Spinat zugeben und alles mit Salz und Pfeffer würzen. Die Spinat-Tomaten-Mischung aufkochen und mit geschlossenem Deckel bei mittlerer Hitze weitere 10 Min. köcheln lassen.

3 Dann die Spinat-Tomaten-Mischung gleichmäßig auf einem Backblech verteilen und mit einem Esslöffel 6 Mulden hineindrücken. Nacheinander die Eier aufschlagen und in jede Mulde 1 Ei hineingleiten lassen, mit Salz und Chili würzen.

4 Das Backblech in den heißen Ofen (Mitte) schieben und den Spinatauflauf ca. 20 Min. backen. (Die Eier sollten vollständig gestockt sein.) Heiß servieren!

MAMAS TIPP

In der Türkei werden als Sättigungsbeilage häufig Pommes frites gereicht – Reis passt aber genauso gut dazu.

AUBERGINEN GEFÜLLT MIT HACKFLEISCH *Karnıyarık*

ca. 2 Std.

Für 8 Personen

8 mittelgroße Auberginen
Salz
200 ml Olivenöl
2 EL Tomatenmark
400 ml kochend heißes Wasser

Für die Füllung
4 mittelgroße Zwiebeln
6 Knoblauchzehen
2 EL Olivenöl
350 g mageres Rinderhackfleisch
1 EL Tomatenmark
Salz

Zum Garnieren
8 grüne Spitzpaprika
Olivenöl

MAMAS TIPP

Als Beilage passt „Pilaw nach Mama Meleks Art“ (S. 124) wunderbar.

1 Die Auberginen waschen, vom Strunk befreien und die Enden abschneiden. Dann die Auberginen schälen, dabei nur jeden zweiten Streifen abschälen, sodass ein Streifenmuster entsteht. Die Auberginen der Länge nach halbieren und mit 1 l Wasser und 2 EL Salz in eine Schüssel geben. Ca. 30 Min. ziehen lassen. Dann das Wasser abgießen und die Auberginen trocken tupfen.

2 Öl in einer Pfanne erhitzen und die Auberginenhälften bei mittlerer Hitze ca. 20 Min. darin von beiden Seiten goldbraun braten. Anschließend das Fruchtfleisch herauslösen, dabei einen ca. 1 cm dicken Rand stehen lassen und die halbierten Auberginen auf ein Backblech setzen.

3 Für die Füllung Zwiebeln und Knoblauch schälen. Zwiebeln in Würfel schneiden und Knoblauch fein hacken. Öl in einer Pfanne erhitzen und die Zwiebelwürfel darin andünsten. Hackfleisch und Tomatenmark dazugeben und alles bei mittlerer Hitze ca. 10 Min. weiterdünsten. Dann gehackten Knoblauch dazugeben. Mit Salz würzen.

4 Den Backofen auf 200 °C (Ober-/Unterhitze) vorheizen.

5 Die Füllung auf die Auberginenhälften verteilen. Die Paprika waschen, mit Olivenöl einstreichen und jeweils 1 Paprika mittig auf 1 Aubergine platzieren.

6 Tomatenmark mit 400 ml kochendem Wasser verrühren, mit Salz würzen und auf das Backblech gießen.

7 Das Backblech in den heißen Ofen (Mitte) schieben und die gefüllten Auberginen in ca. 30 Min. goldbraun backen.

„DER IMAM FIEL IN OHNMACHT“

İmam Bayıldı

ca. 2 Std. 20 Min.

Für 6 Personen

6 Auberginen (dünn und länglich)
Salz
3 EL Olivenöl

Für die Füllung
6 grüne Spitzpaprika
5 Tomaten
5 Zwiebeln
10 Knoblauchzehen
6 EL Olivenöl
1 EL Zucker
Salz
schwarzer Pfeffer
Chiliflocken

Zum Garnieren
3 Stängel glatte Petersilie

→ *weiter auf Seite 106*

1 Die Auberginen waschen, vom Strunk befreien und die Enden abschneiden. Dann die Auberginen schälen, dabei nur jeden zweiten Streifen abschälen, sodass ein Streifenmuster entsteht. Mit 1 l Wasser und 2 EL Salz in eine Schüssel geben. Ca. 30 Min. ziehen lassen.

2 Inzwischen den Backofen auf 200 °C (Ober-/Unterhitze) vorheizen und ein Backblech mit Backpapier auslegen.

3 Dann das Wasser abgießen und die Auberginen trocken tupfen. Auberginen mit Öl einstreichen, mit Salz würzen und auf das Backpapier setzen.

4 Das Backblech in den heißen Ofen (Mitte) schieben und die Auberginen ca. 40 Min. backen. Zwischendurch einmal wenden.

5 Inzwischen für die Füllung die Paprika waschen, Strunk und Kerne entfernen und in mundgerechte Stücke schneiden. Die Tomaten waschen, vom Strunk befreien und in Würfel schneiden. Zwiebeln und Knoblauch schälen und fein hacken.

6 3 EL Öl in einer Pfanne erhitzen und gehackte Zwiebeln darin glasig dünsten. Paprikastücke und Zucker dazugeben und so lange dünsten, bis der Zucker vollständig karamellisiert ist. Dann den gehackten Knoblauch zugeben und leicht anrösten. Mit Salz, Pfeffer und Chili würzen.

7 Tomatenwürfel und 3 EL Öl vermengen, die Hälfte davon zur Zwiebel-Paprika-Mischung in die Pfanne geben und bei mittlerer Hitze weitere 5 Min. dünsten.

8 Die Auberginen nach der Backzeit aus dem Ofen nehmen und die Backofentemperatur auf 180 °C (Ober-/Unterhitze) reduzieren. Auberginen kurz abkühlen lassen, dann der Länge nach an der schalenlosen Seite einschneiden (Foto 1) und mit Salz würzen. Das Fruchtfleisch der Auberginen an der Schnittstelle mit einem Löffel zur Seite schieben (Foto 2), eine Mulde hineindrücken (Foto 3) und dort jeweils die Füllung hineingeben (Foto 4).

9 Die gefüllten Auberginen in eine Auflaufform geben und mit der restlichen Tomaten-Öl-Mischung übergießen. 100 ml Wasser zugießen und die Auberginen im heißen Ofen 30–40 Min. backen.

10 Inzwischen die Petersilie waschen, trocken schütteln, Blätter abzupfen und fein hacken. Die gefüllten Auberginen nach der Backzeit aus dem Ofen nehmen und damit garnieren.

MAMAS TIPP

Auch wenn man dieses Gericht am liebsten sofort komplett vertilgen möchte – stopp, denn kalt schmeckt es sogar noch besser!

1

2

3

4

AUBERGINEN-MOUSSAKA NACH TÜRKISCHER ART

Patlıcan Musakka

Auch in der Türkei wird das griechische Nationalgericht genossen, allerdings in einer Version ohne Quark oder Käse. Zudem werden die Auberginenscheiben bei dieser Version nicht angebraten, sondern im Backofen kross gebacken. Ausprobieren!

1 Std. 10–20 Min.
Für 12 Personen

6 mittelgroße Auberginen
8 EL Olivenöl
Salz
2 grüne Spitzpaprika
2 Tomaten
2 Zwiebeln
6 Knoblauchzehen
300 g mageres Rinderhackfleisch
600 ml kochend heißes Wasser
1 EL Tomatenmark
1 EL Paprikamark
schwarzer Pfeffer
Chiliflocken

Zum Garnieren
2 grüne Spitzpaprika
2 Tomaten

1 Den Backofen auf 200 °C (Ober-/Unterhitze) vorheizen und ein Backblech mit Backpapier auslegen.

2 Die Auberginen waschen, vom Strunk befreien und die Enden abschneiden. Dann die Auberginen schälen, dabei nur jeden zweiten Streifen abschälen, sodass ein Streifenmuster entsteht. (In der Türkei nennen wir das „Pyjama-Stil".) Die Auberginen in ca. 1 cm dicke Scheiben schneiden.

3 Auberginenscheiben mit insgesamt 4 EL Öl einstreichen, mit Salz würzen und auf das Backpapier setzen (S. 110, Foto 1). Das Backblech in den heißen Ofen (Mitte) schieben und die Auberginenscheiben ca. 30 Min. backen. Zwischendurch einmal wenden.

4 Inzwischen die Paprika waschen, Strunk und Kerne entfernen und in Würfel schneiden. Die Tomaten waschen, vom Strunk befreien und ebenfalls in Würfel schneiden. Zwiebeln und Knoblauch schälen und fein hacken.

5 4 EL Öl in einem Topf erhitzen, gehackte Zwiebeln und gehackten Knoblauch bei leichter bis mittlerer Hitze darin glasig dünsten. Das Hackfleisch dazugeben, kurz anbraten und mit 100 ml kochendem Wasser ablöschen. Paprika-,

→ *weiter auf Seite 110*

Tomatenwürfel, Tomaten- und Paprikamark zugeben, mit Salz, Pfeffer und Chili würzen. Aufkochen und bei mittlerer Hitze ca. 10 Min. köcheln lassen. Restliches kochendes Wasser zugießen und weitere 5 Min. köcheln lassen.

6 Zum Garnieren die Paprika waschen, Strunk und Kerne entfernen und in Scheiben schneiden (Foto 2). Die Tomaten waschen, vom Strunk befreien und ebenfalls in Scheiben schneiden.

7 Die Auberginen nach der Backzeit aus dem Ofen nehmen und die Backofentemperatur auf 180 °C (Ober-/Unterhitze) reduzieren. Die Hackfleisch-Paprika-Tomaten-Mischung auf die Auberginenscheiben verteilen (Foto 3), mit Tomaten- und Paprikascheiben garnieren (Foto 4) und im heißen Ofen (Mitte) weitere 20 Min. backen.

MAMAS TIPP

Am besten passt hierzu Reis.

1

2

3

4

PAPRIKA GEFÜLLT MIT HACKFLEISCH *Biber Dolması*

ca. 1 Std. 20 Min.

Für 6–8 Personen

15 kleine grüne Paprika (aus dem türkischen Supermarkt)
2 Tomaten
3 EL Olivenöl
1 EL Tomatenmark
Salz

Für die Füllung
300 g Baldo-Reis (alternativ: Langkorn- oder Rundkornreis)
4 Tomaten
5 Zwiebeln
½ Bund glatte Petersilie
1 EL Tomatenmark
3 EL Olivenöl
400 g mageres Rinderhackfleisch
Salz
schwarzer Pfeffer

1 Die Paprika waschen, an der Unterseite jeweils einen Deckel in einer Höhe von 1 cm abschneiden, Strunk und Kerne entfernen.

2 Für die Füllung den Reis in ein Sieb geben, kalt abbrausen und abtropfen lassen. Tomaten überbrühen, enthäuten, entkernen und in Würfel schneiden. Die Zwiebeln schälen und fein hacken. Die Petersilie waschen, trocken schütteln, Blätter abzupfen und fein hacken. Gewaschenen Reis, Tomatenwürfel, gehackte Zwiebeln und Petersilie, Tomatenmark, Öl und Hackfleisch in eine große Schüssel geben. Alles gut vermengen und mit Salz und Pfeffer würzen.

3 Paprika mit der Reis-Hackfleisch-Masse füllen und in einen großen Topf geben. Tomaten waschen, vom Strunk befreien, in 15 Scheiben schneiden und jeweils 1 Tomatenscheibe auf 1 gefüllte Paprika setzen. Anschließend den Paprikadeckel wieder aufsetzen.

4 1 l heißes Wasser, Öl, Tomatenmark mit Salz verrühren und in den Topf zu den gefüllten Paprika gießen. Mit geschlossenem Deckel bei mittlerer Hitze ca. 40 Min. garen und regelmäßig überprüfen, ob noch ausreichend Wasser vorhanden ist. Gegebenenfalls Wasser nachgießen, die Paprika dürfen nicht zu trocken werden. Heiß servieren!

MAMAS TIPP

Die kleinen Paprika aus dem türkischen Supermarkt eignen sich für dieses Gericht am besten. Die Schoten, die in deutschen Supermärkten verkauft werden, sind häufig zu dick. Super schmecken die gefüllten Paprika mit einem Klecks Joghurt auf jeder Schote. „Afiyet olsun!“

PAPRIKA GEFÜLLT MIT REIS, PINIENKERN, JOHANNISBEERE

Zeytinyağlı Biber Dolması

Hier nun eine klassische vegane Variante der gefüllten Paprika, die in der Türkei sowohl als Vorspeise als auch als Hauptgericht genossen wird. Sie ist total raffiniert und ganz sicher nicht die traurige kleine Schwester der Fleischversion. Die getrockneten Johannisbeeren, im Türkischen „Kuş Üzümü" (gesprochen: „Kusch Üsümü"), geben diesem Gericht eine besondere Note – fragt am besten im türkischen Supermarkt nach dieser besonderen Zutat. Sollte sie einmal nicht verfügbar sein, tun es auch getrocknete Sultaninen.

ca. 1 Std. 20 Min.
Für 4–5 Personen

10 kleine grüne Paprika
1 Tomate
2 EL Olivenöl

Für die Füllung
200 g Baldo-Reis (alternativ: Langkorn- oder Rundkornreis)
2 Zwiebeln
½ Bund glatte Petersilie
4 Stängel Minze (alternativ: 1 TL getrocknete Minze)
100 ml Olivenöl
2 EL Pinienkerne
2 EL getrocknete Schwarze Johannisbeeren „Kuş Üzümü" (aus dem türkischen Supermarkt)
½ TL Zucker
Zimtpulver
Salz
schwarzer Pfeffer

1 Für die Füllung Reis in ein Sieb geben, kalt abbrausen und abtropfen lassen. Zwiebeln schälen und fein hacken. Petersilie und Minze waschen, trocken schütteln, Blätter abzupfen und fein hacken.

2 Öl in einem großen Topf erhitzen und gehackte Zwiebeln darin glasig dünsten. Die Pinienkerne dazugeben und anrösten. Gewaschenen Reis zugeben und bei mittlerer Hitze 2–3 Min. dünsten, anschließend 400 ml heißes Wasser zugießen. Dann gehackte Petersilie, Minze und Johannisbeeren zugeben (S. 116, Foto 1). Mit Zucker, Zimt, Salz und Pfeffer würzen. Aufkochen und mit geschlossenem Deckel bei mittlerer Hitze 8–10 Min. köcheln lassen (dabei gelegentlich umrühren). So lange, bis der Reis das Wasser vollständig aufgesogen hat.

3 Inzwischen die Paprika waschen, an der Unterseite jeweils einen Deckel in einer Höhe von 1 cm abschneiden, Strunk und Kerne entfernen.

→ *weiter auf Seite 116*

4 Dann Paprika mit der Reis-Zwiebel-Pinienkern-Masse füllen (Foto 2) und in einen großen Topf geben. (Nicht zu viel Füllung in die Paprika geben, sie sollten noch „atmen" können.) Die Tomate waschen, vom Strunk befreien, in 10 Scheiben schneiden und jeweils 1 auf eine gefüllte Paprika setzen (Foto 3). Den Topf zur Hälfte mit heißem Wasser aufgießen, darüber Öl träufeln (Foto 4). Mit geschlossenem Deckel aufkochen und bei schwacher Hitze 30–35 Min. köcheln lassen. Kalt oder warm servieren.

MAMAS TIPP

Wenn ihr richtig Zeit habt und die Füllung bereits einen Tag vorher zubereitet, schmeckt das Gericht noch aromatischer.

1

2

3

4

NUDELN MIT AUBERGINEN-SOSSE UND SCHAFSKÄSE

Patlıcanlı Makarna

Auch die Türken sind verrückt nach Pasta, wieso auch nicht? Am liebsten mögen sie sie wie die Sizilianer: klassisch mit Auberginen. Wenn ihr sie nach alter Hausfrauenweisheit eine halbe Stunde in Salzwasser einlegt, enthalten sie auch keinerlei Bitterstoffe mehr. Na denn: „Süper buon appetito!“

ca. 1 Std. 15 Min.

Für 2 Personen

3 Auberginen
Salz
3 mittelgroße Tomaten (alternativ: 400 g gehackte Tomaten; aus der Dose)
schwarzer Pfeffer
1 Prise Zucker
2 Zwiebeln
4 Knoblauchzehen
Olivenöl
getrockneter Thymian (nach Belieben)
Chiliflocken (nach Belieben)
250 g Penne (alternativ: Fusilloni)

Zum Garnieren
150 g Schafskäse

1 Die Auberginen schälen, vom Strunk befreien und in kleine Würfel schneiden. Dann Auberginenwürfel mit 500 ml Wasser und 1 EL Salz in eine Schüssel geben. Ca. 30 Min. ziehen lassen.

2 Inzwischen die Tomaten überbrühen, enthäuten, entkernen und in Würfel schneiden. Mit Salz, Pfeffer und Zucker würzen. Zwiebeln und Knoblauch schälen und fein hacken.

3 Dann das Wasser abgießen und die Auberginenwürfel abtropfen lassen. Reichlich Öl in einer Pfanne erhitzen und Auberginenwürfel bei mittlerer Hitze darin glasig dünsten. (Sollten die Auberginen drohen anzubrennen, nach und nach etwas Öl dazugeben.) Mit Salz, Pfeffer und nach Belieben mit Thymian und Chili würzen. Die gehackten Zwiebeln dazugeben und ebenfalls glasig dünsten. Den gehackten Knoblauch zugeben und leicht anrösten. Die Tomatenwürfel zugeben und alles mit geschlossenem Deckel bei schwacher Hitze ca. 15 Min. köcheln lassen.

4 Die Penne nach Packungsanweisung in sprudelnd kochendem Salzwasser al dente garen. 3 EL Kochwasser von den Penne zur Soße geben.

5 Pasta und Soße auf einem großen Servierteller vermengen. Den Käse klein bröseln und über die Nudeln streuen.

TÜRKISCHER BULGURSALAT

Kısır

35–40 Min.

Für 6 Personen

360 g Bulgur „Kısırlık Bulgur" (aus dem türkischen Supermarkt)
400 ml kochend heißes Wasser
2–3 rote oder grüne Spitzpaprika
1 mittelgroße Tomate
1 mittelgroße rote Zwiebel
1 Bund Frühlingszwiebeln
1 Bund glatte Petersilie
4–6 Minzeblätter
100 g Tomatenmark
1 EL Paprikamark „Biber Salçası" (aus dem türkischen Supermarkt)
6 EL Olivenöl
Saft von 2 Zitronen
Salz
schwarzer Pfeffer
Chiliflocken (nach Belieben)

Zum Garnieren

ca. 10 Blätter Eisberg- oder Kopfsalat

1 Den Bulgur in ein Sieb geben, kalt abbrausen und abtropfen lassen. Gewaschenen Bulgur in einen Topf geben und mit Wasser übergießen. Mit geschlossenem Deckel 20–30 Min. ziehen lassen, bis der Bulgur gequollen ist und das Wasser vollständig aufgesogen hat. Dabei gelegentlich umrühren.

2 Inzwischen die Paprika waschen, Strunk und Kerne entfernen und in kleine Stücke schneiden. Die Tomate überbrühen, enthäuten, entkernen und ebenfalls in kleine Stücke schneiden. Die Zwiebel schälen und fein hacken. Die Frühlingszwiebeln putzen, waschen und in Würfel schneiden. Die Petersilie waschen, trocken schütteln, Blätter abzupfen und fein hacken. Minzeblätter waschen, trocken schütteln und ebenfalls fein hacken.

3 Dann Tomaten-, Paprikamark und Öl in den Topf zu dem Bulgur geben und alles gut vermengen. Das vorbereitete Gemüse dazugeben und mit Zitronensaft und Minze abschmecken. Mit Salz, Pfeffer und nach Belieben mit Chili würzen. Alles gut umrühren.

4 Den Bulgur auf einem großen Servierteller auf den Salatblättern anrichten.

MAMAS TIPP

Es gibt verschiedene Sorten Bulgur und je nach Rezept variiert die Sorte. Hier wird der feine Bulgur „Kısırlık Bulgur" verwendet.

BULGUR PILAW MIT AUBERGINEN *Patlıcanlı Bulgur Pilavı*

„Bulgur Pilaw“ wird aus grob gemahlenem Bulgur zubereitet. Eine gute Alternative zu Reis und Diabetikern zu empfehlen, die darauf verzichten sollen. Ich verspreche: Dieses Gericht wird euch nichts vermissen lassen!

ca. 50 Min.

Für 6 Personen

3 Auberginen
Salz
2 Tomaten
3–4 grüne Spitzpaprika
1 Zwiebel
6 EL Olivenöl
1 EL Tomatenmark
300 g Bulgur
schwarzer Pfeffer

1 Die Auberginen schälen, vom Strunk befreien und in kleine Würfel schneiden. Dann Auberginenwürfel mit 500 ml Wasser und 1 EL Salz in eine Schüssel geben. Ca. 20 Min. ziehen lassen.

2 Inzwischen die Tomaten überbrühen, enthäuten, entkernen und in Würfel schneiden. Die Paprika waschen, Strunk und Kerne entfernen und in mundgerechte Stücke schneiden. Zwiebel schälen und fein hacken.

3 Dann das Wasser abgießen, Auberginenwürfel abtropfen lassen und trocken tupfen. 4 EL Öl in einer Pfanne erhitzen und Auberginenwürfel bei mittlerer Hitze darin glasig dünsten.

4 2 EL Öl in einem großen Topf erhitzen, Paprikastücke und gehackte Zwiebel darin andünsten und Tomatenmark dazugeben. Dann Tomaten- und gebratene Auberginenwürfel zugeben. Alles unter ständigem Rühren ca. 10 Min. dünsten. Anschließend den Bulgur unterheben und alles mit 800 ml heißem Wasser übergießen. Mit Salz und Pfeffer kräftig würzen. Aufkochen und mit geschlossenem Deckel bei mittlerer Hitze 25–30 Min. köcheln lassen (dabei gelegentlich umrühren). So lange, bis die Flüssigkeit fast vollständig aufgesogen ist (etwas Wasser sollte im Topf verbleiben). Dann bei schwacher Hitze und leicht geschlossenem Deckel (Küchenpapier zwischen Topf und Deckel legen) so lange ziehen lassen, bis der Bulgur gequollen ist und das Wasser aufgesogen hat.

PILAW NACH MAMA MELEKS ART

Annemin Pilavı

Dieser „Annemin Pilavı“ kann zu vielen Hauptgerichten, die ihr auch in diesem Buch findet, gereicht werden. Ob zu „Karnıyarık“ (S. 102), „Köfte“ (S. 136) oder zu einem herrlichen Eintopf: Mit Mamas Pilaw wird jedes Gericht in den kulinarischen Olymp gehoben. Ich bin jedenfalls süchtig danach.

ca. 1 Std.

Für 6 Personen

Olivenöl
10 EL „Tel Şehriye“ (türkische Vermicelli; aus dem türkischen Supermarkt)
360 g Baldo-Reis (aus dem türkischen Supermarkt)
ca. 1 EL Salz

1 Öl in einem beschichteten Topf erhitzen und die „Tel Şehriye“ bei mittlerer Hitze darin dunkelbraun (aber nicht schwarz!) anbraten. Dabei regelmäßig umrühren. Dann den Topf kurz von der Hitze nehmen.

2 Den Reis in ein Sieb geben, kalt abbrausen und abtropfen lassen. Gewaschenen Reis mit 800 ml lauwarmem Wasser in den Topf zur Öl-Tel-Şehriye-Mischung geben und mit Salz würzen. Aufkochen und mit leicht geschlossenem Deckel bei starker Hitze ca. 5 Min. kochen lassen. Dann einmal umrühren, die Hitze reduzieren und bei mittlerer Hitze weitere 20 Min. köcheln lassen. So lange, bis die Flüssigkeit fast vollständig aufgesogen ist (etwas Wasser sollte im Topf verbleiben).

3 Anschließend den Herd ausschalten und mit geschlossenem Deckel mindestens 30 Min. ruhen lassen, bis der Reis gequollen ist und das Wasser vollständig aufgesogen hat. Vor dem Servieren noch einmal umrühren.

MAMAS TIPP

Vorsicht! Nachdem der Reis mit dem Wasser zu den „Tel Şehriye“ gegeben wird, kann das Wasser schnell überkochen. Deshalb den Deckel so platzieren, dass der Dampf entweichen kann.

KURKUMA-KARTOFFELN AUS DEM OFEN

Fırında Zerdeçallı Patates

ca. 1 Std.

Für 10–15 Personen

3–5 kg festkochende Kartoffeln
3–4 EL Olivenöl
2–3 EL Tomatenmark
1 EL Kurkuma
Salz
schwarzer Pfeffer
Chiliflocken (nach Belieben)
mildes Paprikapulver (nach Belieben)

1 Den Backofen auf 180 °C (Ober-/Unterhitze) vorheizen und ein Backblech mit Backpapier auslegen.

2 Die Kartoffeln schälen, waschen und in dicke Stifte schneiden (in etwa doppelt so groß wie klassische Pommes frites). Kartoffelstifte mit Öl und Tomatenmark in eine große Schüssel geben. Alles mit Kurkuma, Salz, Pfeffer und nach Belieben mit Chili und Paprika würzen und gut vermengen.

3 Die Kartoffel-Olivenöl-Mischung auf dem Backblech gleichmäßig verteilen und im heißen Ofen (Mitte) in 30–35 Min. goldgelb backen.

HACKBRATEN TÜRKISCHE ART

Rulo Köfte

ca. 1 Std. 50 Min.

Für 10 Personen

2 Brötchen (alternativ: 2 Scheiben altbackenes Weißbrot)
2 Zwiebeln
6 Knoblauchzehen
1 Bund glatte Petersilie
1 kg mageres Rinderhackfleisch
3 Bio-Eier
6 EL Semmelbrösel
8 EL Olivenöl
gemahlener Kreuzkümmel
Salz
schwarzer Pfeffer
2 EL Tomatenmark

Für die Füllung
350 g TK-Erbsen
6 hart gekochte Bio-Eier

1 Die Brötchen 2–3 Min. in lauwarmem Wasser einweichen. Anschließend mit den Händen kräftig ausdrücken, von überschüssigem Wasser befreien und beiseitestellen. Zwiebeln und Knoblauch schälen und fein hacken. Die Petersilie waschen, trocken schütteln, Blätter abzupfen und ebenfalls fein hacken.

2 Hackfleisch, 2 Eier, Brötchen, gehackte Zwiebeln, gehackten Knoblauch und gehackte Petersilie mit Semmelbrösel und 6 EL Öl in einer Schüssel vermengen. Mit Kreuzkümmel, Salz und Pfeffer würzen und alles mit den Händen ca. 10 Min. verkneten. Die Masse abdecken und ca. 20 Min. im Kühlschrank ruhen lassen.

3 Inzwischen für die Füllung die Erbsen auftauen lassen (Alternative: Mikrowelle). Dann den Backofen auf 200 °C (Ober-/Unterhitze) vorheizen und ein Backblech mit 2 EL Öl ausstreichen.

→ *weiter auf Seite 130*

4 Dann die Masse auf einer Frischhaltefolie zu einem ca. 1 cm dicken Rechteck formen (Foto 1). Die 6 hart gekochten, geschälten ganzen Eier mit Abstand mittig auf das Rechteck setzen, Erbsen außenrum verteilen (Foto 2) und festdrücken. Die Masse mithilfe der Frischhaltefolie längs aufrollen (Foto 3). Dann die Frischhaltefolie vorsichtig entfernen, ohne dass die Rolle ihre Form verliert (Foto 4).

5 Die Hackfleischrolle auf das Backblech legen. 1 Ei trennen und das Eigelb beiseitestellen. Das Eiweiß kurz aufschlagen (es sollte noch flüssig sein) und die Hackfleischrolle damit bestreichen.

6 Tomatenmark mit 200 ml Wasser verrühren und auf das Backblech neben die Hackfleichrolle gießen.

7 Das Backblech in den heißen Ofen (Mitte) schieben und den Hackbraten in ca. 50 Min. knusprig backen. Dann den Hackbraten in zwei fingerdicke Scheiben schneiden und heiß servieren.

MAMAS TIPP

Als Beilage passt Reis ebenso gut wie Kartoffeln – etwa „Kurkuma-Kartoffeln aus dem Ofen“ (S. 126) – aber auch ein frischer gemischter Salat.

1

2

3

4

TRADITIONELLE TÜRKISCHE HACKFLEISCHTASCHEN

Kıymalı Poğaça

Diese Teigtaschen machen jede Party zu einem kulinarischen Erlebnis und sind im Grunde die türkische Antwort auf die italienischen Mini-Calzonen. Für die Vegetarier unter den Gästen kann man die „Poğaça" auch mit Schafskäse und Petersilie füllen. So gewinnt ihr spielend den Award für das beste Partygebäck!

ca. 2 Std. 30 Min.
Für 8 Personen

200 ml lauwarme Milch
200 ml Olivenöl
7 g Trockenhefe
2 EL Zucker
2 Bio-Eier
1 TL Salz
600–800 g Weizenmehl (Type 405)

Für die Füllung
4 grüne Spitzpaprika
2 Tomaten
2 mittelgroße Zwiebeln
1 EL Olivenöl
300 g Rinderhackfleisch
Salz
schwarzer Pfeffer

Zum Garnieren
Sesam (nach Belieben)
Schwarzkümmel (nach Belieben)

1 200 ml lauwarmes Wasser, Milch, Öl, Trockenhefe und Zucker in einer Rührschüssel gut verrühren.

2 Eier trennen und Eigelbe beiseitestellen. Eiweiße und Salz in die Rührschüssel zur Wasser-Milch-Öl-Mischung geben und gut verrühren. Das Mehl dazugeben und so lange mit den Händen kneten, bis ein homogener, weicher Teig entstanden ist. (Der Teig sollte nicht mehr an den Händen kleben, ansonsten mehr Mehl dazugeben.) Dann den Teig abdecken und 60–70 Min. an einem warmen Ort ruhen lassen (S. 134, Foto 1).

3 Inzwischen für die Füllung die Paprika waschen, Strunk und Kerne entfernen und in kleine Stücke schneiden. Die Tomaten überbrühen, enthäuten, entkernen und in Würfel schneiden. Die Zwiebeln schälen und fein hacken.

4 Öl in einer Pfanne erhitzen und das Hackfleisch darin kurz anbraten. Gehackte Zwiebeln und Paprikastücke dazugeben und glasig dünsten. Die Tomatenwürfel zugeben und alles so lange braten, bis die Tomaten ihren Saft vollständig abgegeben haben. Anschließend mit Salz und Pfeffer würzen.

→ *weiter auf Seite 134*

5 Den Backofen auf 180 °C (Ober-/Unterhitze) vorheizen und zwei Backbleche mit Backpapier auslegen.

6 Jeweils aus 1 Handvoll Teig nach der Reifezeit 1 Kugel formen. Dann die Teigkugel mit den Fingern zu einer kreisrunden Scheibe flach drücken (Foto 2; es sollten 16 Teigfladen entstehen). Jeweils 2 EL der Hackfleisch-Paprika-Tomaten-Masse seitlich auf jeweils 1 Teigfladen setzen (Foto 3). Die leere Teigseite über die Füllung klappen und die Ränder festdrücken (Foto 4; es sollte ein Halbmond entstehen). Die Teigtaschen mit genügend Abstand auf die Backpapiere setzen. (Es passen ca. 8 Teigtaschen auf ein Backblech.)

7 Eigelbe verquirlen, die Teigtaschen damit bestreichen und nach Belieben mit Sesam und Schwarzkümmel bestreuen. (In Kombination sieht es besonders appetitlich aus.)

8 Das Backblech in den heißen Ofen (Mitte) schieben und die Poğaça in 20–25 Min. goldbraun backen. Aus dem Ofen nehmen und die Poğaça 10–15 Min. auf dem Backblech ruhen lassen. Diesen Vorgang mit dem zweiten Backblech wiederholen. Warm servieren!

MAMAS TIPP

Sollten wider Erwarten „Poğaça" übrig bleiben, könnt ihr sie problemlos einfrieren und nach Bedarf auftauen. Kurz im Backofen aufgewärmt schmecken sie auch nach Tagen noch wunderbar!

1

2

3

4

MAMA MELEKS KÖFTE

Annemin Köftesi

ca. 50 Min.

Für 5–6 Personen

1 mittelgroße Zwiebel
5 Knoblauchzehen
1 Bund Petersilie
800 g mageres Rinderhackfleisch
1 Ei
Olivenöl
2–3 Scheiben altbackenes Weißbrot (alternativ: 100 g Paniermehl)
Salz
schwarzer Pfeffer

1 Die Zwiebel schälen und fein reiben. Den Knoblauch schälen und fein hacken. Die Petersilie waschen, trocken schütteln, Blätter abzupfen und fein hacken.

2 Hackfleisch, geriebene Zwiebel, gehackten Knoblauch und gehackte Petersilie mit Ei und 5 EL Öl in eine Schüssel geben und mit den Händen kräftig verkneten.

3 Die Weißbrote 2–3 Min. in lauwarmem Wasser einweichen. Anschließend mit den Händen kräftig ausdrücken, von überschüssigem Wasser befreien, zerzupfen und zur Hackfleisch-Zwiebel-Knoblauch-Masse dazugeben. Alles kräftig verkneten, mit Salz und Pfeffer würzen und nach Belieben längliche oder runde Köfte daraus formen.

4 Öl in einer beschichteten Pfanne erhitzen und die Köfte bei mittlerer bis starker Hitze in 5–10 Min. darin knusprig braten.

MAMAS TIPP

Die Frage, wie die Köfte zu formen sind und welche Zutaten in welchen Mengen hineingehören, wird in der Türkei je nach Region unterschiedlich beantwortet – diese Frage ist auch deutlich älter als die türkische Republik. Wenn ihr euch unsicher seid, macht es wie Mama. Sie fragt immer vorher ihre Lieben, wie sie die Köfte diesmal haben möchten: länglich oder rund? Dann sind am Ende alle zufrieden. In der Türkei werden sie mit Pommes frites, Reis oder „Piyaz“ (S. 23) serviert.

NACHSPEISEN

Tatlılar

Welcher Desserttyp seid ihr?

Türkischen Nachspeisen haftet häufig das Vorurteil an, aus Blätterteig und vor allem furchtbar süß zu sein. Baklava, und nur Baklava, gebe es jeden Tag. Die seien zwar als Plombenzieher geeignet, aber viel zu süß für den mitteleuropäischen Gaumen.

Also ja, natürlich liebt man in der Türkei (zu Recht!) das Baklava und es ist eine echte Kunst und Wissenschaft, richtig gutes Baklava zu backen. Aber das ist noch lange nicht alles, was die Türkei an Desserts zu bieten hat. So habe ich in Istanbul das mit Abstand beste (und größte) Schokoladensoufflé meines Lebens gegessen. Seit den 1920er-Jahren sind Abwandlungen französischer Desserts äußerst beliebt und weit verbreitet. Es gibt fantastische Kuchen, Puddings, Milchspeisen etc. Meinen Mann habe ich nur unter Aufbietung all meiner Kräfte aus Istanbul herausbekommen – er ist wie ein Wahnsinniger von einem Desserthaus ins nächste gepilgert. Denn die Dessertkultur in der Türkei wird sogar unterteilt …

Sütlü tatlılar: das milchige, cremige Dessert
Şerbetliler: das in Zuckersirup getränkte Dessert
Unlular: das süße Gebäck
Çikolatalılar: das Schokoladendessert
Meyveliler: das Obstdessert

Probiert sie aus und beantwortet die alles entscheidende Frage: Seid ihr Typ Milch, Sirup, Mehl, Schokolade oder Obst?

„NASSER" SCHOKOLADENKUCHEN

Islak Kek

Was ist die Steigerung von saftig? Genau: nass. Denn in der Türkei begnügt man sich nicht mit saftigem Schokoladenkuchen, nein, er muss nass sein. Und deshalb wird der Kuchen hier mit reichlich Schokoladensirup übergossen. Was soll ich sagen? Alle Schokoladenfreunde seien vorgewarnt: Es besteht absolute Suchtgefahr!

ca. 1 Std. 15 Min.
plus mind. 5 Std. Ruhezeit
Für 8 Personen

Olivenöl
4 Bio-Eier
200 g Zucker
240 ml Milch
2 EL Kakaopulver
8 g Vanillezucker
150 g Weizenmehl (Type 405)
16 g Backpulver

Für den Sirup
240 ml Milch
85 ml Olivenöl
200 g Zucker
2 EL Kakaopulver

Zum Garnieren
1–2 EL Kokosraspel

1 Den Backofen auf 170 °C (Ober-/Unterhitze) vorheizen und eine quadratische Backform (30 x 30 cm) mit Öl ausstreichen.

2 Für den Schokoladensirup alle Zutaten in einem kleinen Topf verrühren und erwärmen. Dabei so lange umrühren, bis der Zucker karamellisiert ist. Abkühlen lassen.

3 Inzwischen Eier und Zucker mit den Quirlen des Rührgerätes auf hoher Stufe 5–8 Min. schaumig schlagen. Milch und 160 ml Öl dazugeben und in 1–2 Min. unterrühren. Kakao, Vanillezucker, Mehl und Backpulver zugeben und alles zu einem homogenen Teig verrühren.

4 Den Teig in die Form füllen und im heißen Ofen (Mitte) 40–45 Min. backen. Aus dem Ofen nehmen und mindestens 5 Min. auskühlen lassen. Dann vierteln und mit dem erkalteten Sirup übergießen. Mit einem Zahnstocher oder spitzen Messer kleine Löcher in den Teig stechen.

5 Den Schokoladenkuchen mindestens 5 Std., optimalerweise 1 Tag ruhen lassen. Vor dem Servieren mit Kokosraspel bestreuen.

SAFTIGER MÖHRENKUCHEN MIT ZIMT

Havuçlu Kek

Und nun Bühne frei für den heimlichen Star dieses Buches, den absoluten Favoriten meines Ehemannes: den Möhrenkuchen. Er wird auch sehr gerne in der Türkei gegessen. Sobald meine Mutter ihn duftend aus dem Ofen zieht, muss ich mir schnell ein Stück sichern, bevor er als Ganzes im Magen meines Mannes landet. Es ist aber auch nicht weiter verwunderlich: In diesem Kuchen steckt gaaanz viel Liebe!

60–70 Min.

Für ca. 15 Personen

Olivenöl
3 Möhren
3 Bio-Eier
200 g Zucker
240 ml Milch
8 g Vanillezucker
350 g Weizenmehl (Type 405)
16 g Backpulver
1 TL Zimtpulver
100 g gemahlene Mandeln

Zum Garnieren
Puderzucker

1 Den Backofen auf 170 °C (Ober-/Unterhitze) vorheizen und ein tiefes Backblech mit Öl ausstreichen.

2 Die Möhren putzen, schälen und fein raspeln.

3 Eier und Zucker mit den Quirlen des Rührgerätes auf hoher Stufe 5–8 Min. schaumig schlagen. Milch und 95 ml Öl dazugeben und in 1–2 Min. unterrühren. Vanillezucker, Mehl, Backpulver, Zimt und Mandeln zugeben und alles zu einem homogenen Teig verrühren. Die Möhrenraspel dazugeben und alles gut verrühren.

4 Den Teig auf das Backblech streichen. Dann das Backblech in den heißen Ofen (Mitte) schieben und den Möhrenkuchen ca. 40 Min. backen. Nach dem Erkalten mit Puderzucker bestreuen.

PALASTPUDDING AUS DER TRADITIONELLEN OSMANISCHEN KÜCHE *Saray Muhallebisi*

ca. 40 Min.
plus 1–2 Std. Kühlzeit
Für 6 Personen

1 l Milch
1 Eigelb
200 g Zucker
7 EL Olivenöl
4 gehäufte EL Weizenmehl (Type 405)
8 g Vanillezucker

Zum Garnieren
100 g grob gehackte Walnusskerne

1 Die Milch in einem großen Topf bei schwacher Hitze erwärmen.

2 Eigelb und Zucker verrühren und in den Topf zur Milch geben. So lange rühren, bis sich der Zucker aufgelöst hat (die Milch sollte nicht zu heiß werden). Den Topf vom Herd nehmen.

3 Öl und Mehl in einen weiteren großen Topf geben und 4–5 Min. darin anrösten, bis der Mehlgeruch verflogen ist. Dann die Milch-Ei-Zucker-Mischung zugießen und sofort unterrühren. Unter ständigem Rühren alles so lange einkochen, bis die Flüssigkeit leicht eingedickt ist. (Zur Unterstützung kann ein Rührgerät verwendet werden.) Anschließend den Vanillezucker dazugeben, den Topf vom Herd nehmen und ca. 10 Min. weiterrühren.

4 Die Innenseiten einer quadratischen (30 x 30 cm) oder rechteckigen (30 cm Länge) Backform mit Wasser befeuchten und den Pudding einfüllen. Mit Walnüssen bestreuen, etwas abkühlen lassen und 1–2 Std. in den Kühlschrank stellen.

MAMA MELEKS „SÜSSE ROSEN“

Gül Tatlısı

„Für mich soll's süße Rosen regnen ...“ So oder so ähnlich hätte es Hildegard Knef gesungen, wäre sie Türkin gewesen. Ein ganz klassisches Rezept: süß und verführerisch. Und die Rose ist als Symbol aus der klassischen osmanischen Küche sowieso nicht mehr wegzudenken. Aber keine Panik, so kompliziert ist das Dessert nicht – auch der Anfänger kriegt „Gül Tatlısı“ gebacken. Also: Unbedingt ausprobieren!

1 Std.–1 Std. 10 Min.

Für 6–8 Personen

Olivenöl
2 Bio-Eier
100 g Zucker
8 g Vanillezucker
60 g Speisequark (40 % Fett i. Tr.) (alternativ: 30 g Joghurt, 3,5 % Fett)
250 g Margarine
500 g Weizenmehl (Type 405)
16 g Backpulver
100 g gemahlene Haselnüsse

Für den Sirup
800 g Zucker
½ EL Zitronensaft

1 Den Backofen auf 180 °C (Ober-/Unterhitze) vorheizen und ein Backblech mit Öl ausstreichen.

2 Für den Sirup 1 l Wasser und Zucker in einem Topf verrühren. Aufkochen, Zitronensaft zugießen und bei mittlerer Hitze ca. 10 Min. köcheln lassen. Den Topf vom Herd nehmen, abkühlen lassen.

3 Eier, 85 ml Öl, Zucker, Vanillezucker, Quark und Margarine in eine Rührschüssel geben und mit den Händen kräftig verkneten. Dann Mehl und Backpulver nach und nach dazugeben und so lange kneten, bis ein homogener, weicher Teig entstanden ist. (Der Teig sollte nicht mehr an den Händen kleben, ansonsten mehr Mehl dazugeben.)

→ *weiter auf Seite 150*

4 Den Teig auf einer bemehlten Arbeitsfläche ca. 1 cm dick ausrollen und mit Haselnüssen bestreuen (Foto 1). Dann längs aufrollen (Foto 2) und mit einem Messer in 2 cm dicke Scheiben schneiden (Foto 3). Die Teigstücke mit den Anschnitten nach unten und mit ca. 4–5 cm Abstand auf das Backblech setzen.

5 Das Backblech in den heißen Ofen (Mitte) schieben und die „Süßen Rosen" in ca. 20 Min. goldbraun backen. Aus dem Ofen nehmen und sofort mit dem Sirup übergießen (Foto 4).

MAMAS TIPP

Wenn ihr es mal richtig festlich haben wollt oder bei einem romantischen Dinner mächtig punkten möchtet: Garniert die wunderbar duftenden „Gül Tatlisi" mit echten essbaren roten Rosenblüten. Diesem Anblick wird niemand widerstehen können.

1

2

3

4

TAHINKUCHEN MIT ZIMT

Tahinli Kek

Tahin ist eine Sesampaste, die im orientalischen Raum viel verwendet wird. Ihre kräftig-nussige, leicht bittere Note verleiht diesem Kuchen das gewisse Etwas. So könnt ihr gleich das Vorurteil entkräften, türkische Desserts seien immer knallig-süß. Sind sie nicht! Und das ist auch gut so!

ca. 1 Std. 15 Min.
Für 8 Personen

Olivenöl
4 Bio-Eier
200 g Zucker
200 ml Milch
1 TL Zimtpulver
250 g Tahin (Sesampaste)
8 g Vanillezucker
450 g Weizenmehl (Type 405)
32 g Backpulver
150 g grob gehackte Walnusskerne

Zum Garnieren
Puderzucker

1 Den Backofen auf 180 °C (Ober-/Unterhitze) vorheizen und eine Springform (26 cm Durchmesser) mit Öl ausstreichen.

2 Eier und Zucker mit den Quirlen des Rührgerätes auf hoher Stufe 5–8 Min. schaumig schlagen. Milch, 170 ml Öl, Zimt und Tahin dazugeben und in 1–2 Min. unterrühren. Vanillezucker, Mehl und Backpulver zugeben und alles zu einem homogenen Teig verrühren. Dann die Walnüsse unterheben.

3 Den Teig in die Form füllen und im heißen Ofen (Mitte) ca. 20 Min. backen. Dann die Backofentemperatur auf 160 °C (Ober-/Unterhitze) reduzieren und den Tahinkuchen weitere 40 Min. backen. Nach dem Erkalten mit Puderzucker bestreuen.

KÜRBISPUDDING

Kabak Püresi Tatlısı

ca. 1 Std.

Für 5–6 Personen

1 kg Hokkaidokürbis (alternativ: Butternusskürbis oder Moschuskürbis „Bal Kabağı“)
250–300 g Zucker
100 ml Milch

Zum Garnieren
gemahlene Walnusskerne

1 Den Kürbis putzen, schälen, halbieren, entkernen und in grobe Würfel schneiden. Kürbiswürfel und 150 ml Wasser in einen Topf geben und mit geschlossenem Deckel bei mittlerer Hitze ca. 40 Min. kochen lassen. (Das Fruchtfleisch sollte weich sein.)

2 Dann Zucker in den Topf zur Kürbismasse geben und alles mit einem Stabmixer pürieren. Milch zugießen und umrühren. (Je nach Konsistenz – die Masse sollte cremig sein – weitere Milch zugießen.)

3 Den Kürbispudding in passend viele Dessertschalen füllen, etwas abkühlen lassen und je nach Belieben in den Kühlschrank stellen. Vor dem Servieren mit Walnüssen bestreuen.

MAMAS TIPP

Falls man nicht warten möchte, kann man den Pudding natürlich auch warm essen.

DER SUPERSCHOKOLADIGSTE SCHOKOLADENPUDDING DER WELT *Supangle*

Ich hielt das „Supangle“ jahrelang für die türkische Adaption eines französischen Rezepts, aber weit gefehlt: „Der superschokoladigste Schokoladenpudding der Welt“ ist doch tatsächlich ein urtürkisches Rezept, sprachlich wohl angelehnt an das italienische „Zuppa inglese“. Aber völlig egal: Wichtig ist nur, dass dieser Schokoladenpudding so dermaßen unfassbar schokoladig ist, dass mein Mann für einen „Supangle“ jedes andere Dessert stehen lässt. Und obwohl es so schnell und einfach zuzubereiten ist, kann man mit ihm auf jeder Party auch noch „süper“ angeben. Lasst euch diese Chance also nicht entgehen!

ca. 20 Min.
plus mind. 2 Std. Kühlzeit
Für 6 Personen

750 ml Milch
100 g Zartbitterkuvertüre
5 EL Kakaopulver
180 g Puderzucker
8 g Vanillezucker
4 EL Weizenmehl (Type 405)
1 EL Margarine

1 Die Milch in einem großen Topf bei schwacher Hitze erwärmen.

2 Die Kuvertüre fein hacken und in den Topf zur Milch geben. Kakao, Puder-, Vanillezucker und Mehl nach und nach unter ständigem Rühren zugeben und alles 5-7 Min. bei schwacher Hitze leicht eindicken lassen. Dann den Topf vom Herd nehmen und die Margarine unterrühren.

3 Den Pudding in sechs Dessertgläser füllen, etwas abkühlen lassen und mindestens 2 Std. in den Kühlschrank stellen.

SOMMERKUCHEN MIT PFIRSICH

Şeftali Pastası

Ich bin ganz ehrlich: Das ist ausnahmsweise mal kein türkischer Klassiker, allerdings ein Klassiker meiner türkischen Verwandtschaft (und damit ja irgendwie doch ein türkischer Klassiker). Gerade im Sommer liebe ich frische Pfirsiche im Kuchen und da wir hier ganz ohne Sahne oder Buttercreme auskommen, sind die paar Extrakalorien, die wir hier genießen, in null Komma nichts wieder verbrannt.

ca. 1 Std. 20 Min.
Für 8–10 Personen

Olivenöl
3 große Pfirsiche
3 Bio-Eier
200 g Zucker
240 g Joghurt (3,5 % Fett)
8 g Vanillezucker
280 g Weizenmehl (Type 405)
16 g Backpulver

Zum Garnieren
Puderzucker

1 Den Backofen auf 170 °C (Ober-/Unterhitze) vorheizen und eine Tarteform (28 cm Durchmesser) mit Öl ausstreichen.

2 Die Pfirsiche überbrühen, enthäuten und entkernen. Dann 1½ Pfirsiche in Würfel schneiden, die restlichen in Scheiben.

3 Eier und Zucker mit den Quirlen des Rührgerätes auf hoher Stufe 5–8 Min. schaumig schlagen. 110 ml Öl, Joghurt und Vanillezucker dazugeben und in ca. 2 Min. unterrühren. Mehl und Backpulver zugeben und alles zu einem homogenen Teig verrühren. Anschließend die Pfirsichwürfel unterheben.

4 Den Teig in die Form füllen und mit den Pfirsichscheiben belegen. Dann die Form in den heißen Ofen (Mitte) schieben und den Sommerkuchen ca. 50 Min. backen. Nach dem Erkalten mit Puderzucker bestreuen.

EAT CAKE.

MÖHREN-KEKS-PRALINEN

Havuç Lokumu

ca. 40 Min.
plus 2 Std. Kühlzeit
Für 10 Personen

1 kg Möhren
2 EL Olivenöl
4 EL Zucker
350 g Butterkekse
150 g gehackte Walnusskerne
2 TL Zimtpulver
200 g Kokosnussraspel

1 Die Möhren putzen, schälen und fein raspeln. Öl in einer Pfanne erhitzen und Möhrenraspel mit Zucker bei mittlerer Hitze 10–15 Min. darin dünsten. Abkühlen lassen und in eine große Schüssel geben.

2 Kekse in einer Küchenmaschine mixen bzw. im Gefrierbeutel mit einem Topf zerkleinern. Anschließend mit Walnüssen und Zimt in die Schüssel zu den Möhrenraspeln geben. Alles mit den Händen kräftig verkneten (nach Bedarf etwas Wasser dazugeben).

3 Dann die Masse zu walnussgroßen Kugeln formen und in Kokosraspeln wälzen. Die Möhren-Keks-Pralinen ca. 2 Std. in den Kühlschrank stellen.

BROWNIE-KEKSE

Browni Kurabiye

Wieder ein Rezept, das die Amerikaner bei den Türken geklaut haben. Aber nein, Spaß beiseite: Es war natürlich andersherum! Allerdings sprechen wir die Kekse „Broffnie“ aus und begießen sie mit Sirup. Klingt wahrscheinlich ziemlich bekloppt, schmeckt aber verdammt gut!

ca. 40 Min.

Für 8 Personen

125 g Margarine
1 Bio-Ei
120 ml Olivenöl
80 g Puderzucker
8 g Vanillezucker
3 EL Kakaopulver
360 g Weizenmehl (Type 405)
16 g Backpulver

Für den Sirup
200 g Zucker
5 Tropfen Zitronensaft

Zum Garnieren (nach Belieben)
gemahlene Walnusskerne (alternativ: gemahlene Pistazien oder gemahlene Haselnusskerne)

1 Den Backofen auf 180 °C (Ober-/Unterhitze) vorheizen und ein Backblech mit Backpapier auslegen.

2 Für den Sirup 250 ml Wasser und Zucker in einem Topf verrühren. Aufkochen, Zitronensaft unterrühren und bei mittlerer Hitze ca. 5 Min. köcheln lassen. Den Topf vom Herd nehmen, abkühlen lassen.

3 Margarine, Ei, Öl und Puderzucker in eine Rührschüssel geben und mit den Händen verkneten. Vanillezucker und Kakao zugeben und alles mit den Händen kräftig verkneten. Dann Mehl und Backpulver nach und nach dazugeben und so lange kneten, bis ein homogener, weicher Teig entstanden ist. (Der Teig sollte nicht mehr an den Händen kleben, ansonsten mehr Mehl dazugeben.)

4 Anschließend aus dem Teig walnussgroße Kugeln formen und mit ca. 2 cm Abstand auf das Backpapier setzen.

5 Das Backblech in den heißen Ofen (Mitte) schieben und die Kekse 10–13 Min. backen. Aus dem Ofen nehmen, etwas abkühlen lassen und in den Sirup tauchen. Nach Belieben mit Walnüssen garnieren.

WALNUSS-ZIMT-KUCHEN MIT GETROCKNETEN APRIKOSEN

Kuru Kayısılı Kek

ca. 1 Std.

Für 8-10 Personen

Olivenöl
10 getrocknete Aprikosen
4 Bio-Eier
200 g Zucker
240 ml Milch
8 g Vanillezucker
350 g Weizenmehl (Type 405)
32 g Backpulver
1 TL Zimtpulver
100 g grob gehackte Walnusskerne

Zum Garnieren
Puderzucker

1 Den Backofen auf 170 °C (Ober-/Unterhitze) vorheizen und eine Tarteform (28 cm Durchmesser) mit Öl ausstreichen.

2 Die Aprikosen in kleine Würfel schneiden.

3 Eier und Zucker mit den Quirlen des Rührgerätes auf hoher Stufe 5–8 Min. schaumig schlagen. 170 ml Öl, Milch und Vanillezucker dazugeben und in ca. 2 Min. unterrühren. Mehl, Backpulver und Zimt zugeben und alles zu einem homogenen Teig verrühren. Anschließend Aprikosenwürfel und Walnüsse unterheben.

4 Den Teig in die Form füllen und im heißen Ofen (Mitte) 30–35 Min. backen. Nach dem Erkalten mit Puderzucker bestreuen.

TÜRKISCHER MILCHREIS NACH OMAS ART

Sütlaç

Auch Milchreis hat in der Türkei eine jahrhundertealte Tradition – meine Oma hat natürlich den besten gemacht. Man braucht zwar ein bisschen Zeit, aber er ist ganz einfach zuzubereiten. Nur Folgendes ist wichtig: Kocht bei schwacher Hitze, nehmt einen großen beschichteten Teflontopf und rührt darin viel um. Dann gelingt der Milchreis garantiert und schmeckt nach einer Kindheit in Istanbul.

ca. 1 Std. 30 Min.
plus 24 Std. Kühlzeit
Für 8 Personen

100 g Baldo-Reis (alternativ: Bruchreis)
1 l Milch
5 EL Zucker

Zum Garnieren
Zimtpulver

1 Den Reis in ein Sieb geben, kalt abbrausen und abtropfen lassen. Gewaschenen Reis mit 600 ml warmem Wasser in einem beschichteten Topf bei schwacher Hitze 30–40 Min. köcheln lassen. So lange, bis der Reis gequollen ist und das Wasser vollständig aufgesogen hat. Dabei regelmäßig umrühren. (Unbedingt darauf achten, dass der Reis nicht anbrennt.)

2 Dann Milch unter ständigem Rühren in den Topf zum Reis gießen und bei schwacher Hitze weitere 40 Min. köcheln lassen. Dabei regelmäßig umrühren. Anschließend Zucker zugeben und so lange rühren, bis sich der Zucker aufgelöst hat.

3 Den Milchreis in passend viele kleine Schüsseln oder Förmchen füllen, etwas abkühlen lassen und 24 Std. im Kühlschrank ziehen lassen. Vor dem Servieren mit Zimt bestreuen.

„FALSCHE HÜHNERBRUST"

Yalancı Tavuk Göğsü

Jetzt muss ich es am Ende doch noch zugeben: Die traditionell türkische Küche hat auch sehr wunderliche Geschichten auf Lager, die man im mitteleuropäischen Raum nicht kennt. Beispiel gefällig? Dieses Dessert heißt wortwörtlich übersetzt „Hühnerbrust" oder manchmal auch „Fake Hühnerbrust". Mehr verrät der Titel nicht über das, was der verdutzte Gast aus dem Ausland serviert bekommt, wenn er „Tavuk Göğsü" bestellt. Tatsächlich findet sich alles Mögliche in diesem traditionellen Pudding – ganz sicher aber keine Hühnerbrust. Wenn man dann ein bisschen recherchiert, erfährt man Kurioses: Dieser wunderbare Pudding wurde bis vor ein paar Jahrzehnten tatsächlich mit Hühnerbrust gegessen, so wie es einst auch die alten Osmanen taten. „Die spinnen doch, die Osmanen", würde Obelix hier zu Recht einwenden! Das soll euch aber bitte nicht die Lust auf „Tavuk Göğsü" verderben. Ich liebe es und heutzutage können es sogar die Vegetarier:innen unter euch ganz sorglos genießen!

ca. 20 Min.
plus 2–3 Std. Kühlzeit
Für 6 Personen

125 g Butter oder Margarine (alternativ: 140 ml Olivenöl)
140 g Weizenmehl (Type 405)
1 l Milch
300 g Zucker
8 g Vanillezucker

Zum Garnieren
1 Prise Zimtpulver
100 g gemahlene Walnusskerne
100 g gehackte Pistazien

1 Butter in einem Topf zerlassen und Mehl unter ständigem Rühren darin anschwitzen. Die Milch nach und nach unterrühren und alles ca. 5 Min. köcheln lassen. Zucker und Vanillezucker dazugeben, den Topf vom Herd nehmen und alles mit den Quirlen des Rührgerätes in ca. 5 Min. zu einem homogenen Teig verrühren.

2 Eine passende Form mit Wasser befeuchten und die Butter-Mehl-Milch-Mischung einfüllen. Etwas abkühlen lassen und 2–3 Std. in den Kühlschrank stellen.

3 Anschließend die „Falsche Hühnerbrust" mit Zimt, Walnüssen und Pistazien bestreuen und in Vierecke schneiden.

TÜRKISCHE FEIGENTARTE

Kuru İncirli Tart

Historisch bedingt finden sich auf den Esstischen der Türkei immer wieder Desserts, deren Ursprung in Frankreich liegt. So erfreut sich auch die Tarte größter Beliebtheit und da man ohnehin verrückt nach Feigen ist, kombiniert man klugerweise beides. Eine sehr gute Idee, von der ihr unbedingt profitieren solltet!

ca. 1 Std.
plus 12 Std. Quellzeit
Für 8–10 Personen

7 getrocknete Feigen
1 Apfel
Olivenöl
70 g Zucker
1 TL Zimtpulver
60 g grob gehackte Walnusskerne
100 g Weizenmehl (Type 405)
16 g Backpulver

Zum Garnieren
Puderzucker

1 Die Feigen in heißem Wasser 12 Std. einweichen. (So sind die Feigen für die Tarte am nächsten Tag schön weich.)

2 Die Feigen nach der Quellzeit in kleine Stücke schneiden. Den Apfel schälen, entkernen und in Würfel schneiden.

3 Den Backofen auf 170 °C (Ober-/Unterhitze) vorheizen und eine Tarteform (28 cm Durchmesser) mit Öl ausstreichen.

4 50 ml Öl, Zucker und Zimt in einer Rührschüssel verrühren. Feigenstücke, Apfelwürfel und Walnüsse dazugeben, alles gut verrühren. Dann 240 ml heißes Wasser zugießen und sofort unterrühren. Anschließend Mehl und Backpulver unterrühren. Alles gut verrühren.

5 Den Teig in die Form füllen und im heißen Ofen (Mitte) 30–35 Min. backen. Nach dem Erkalten mit Puderzucker bestreuen.

GRIESS-HALVA

İrmik Helvası

Halva – die Türken sagen „Helva" – ist eine süße Sünde, die man in vielen Ländern des Nahen und Fernen Ostens liebt: Indien, Iran, Pakistan und viele andere Länder sind dieser Köstlichkeit seit Jahrhunderten erlegen. In der Türkei gehört Helva neben Baklava zu den beliebtesten Süßspeisen, die man mal eben auf die Hand nehmen kann. Basis ist oft Sesam (Tahin), aber speziell in der Türkei gibt es zwei tolle Abwandlungen: das Mehl-Helva (S. 176) und eben das Grieß-Helva. Wenn man es noch nicht kennt, mag es beim ersten Bissen ein wenig ungewohnt auf der Zunge liegen, aber: Je mehr man davon isst, desto mehr verliert man sich im Helva-Paradies.

ca. 50 Min.

Für 6 Personen

170 ml Olivenöl
4 EL Pinienkerne
320 g Hartweizengrieß

Für den Sirup
480 ml Milch
300 g Zucker

1 Für den Sirup Milch und Zucker in einem Topf erwärmen. (Die Flüssigkeit darf nicht kochen.)

2 Öl und Pinienkerne in einer beschichteten Pfanne erhitzen, bis die Pinienkerne eine leicht braune Farbe angenommen haben. Den Grieß dazugeben und alles unter ständigem Rühren bei schwacher Hitze 20–25 Min. anrösten. (Unbedingt darauf achten, dass der Grieß nicht anbrennt.) Dann den Sirup nach und nach unter ständigem Rühren dazugeben. Den Topf vom Herd nehmen und alles ca. 5 Min. ziehen lassen.

3 Anschließend aus dem „Grieß-Halva" mit zwei Esslöffeln Nocken oder mit einem Eisportionierer Halbkugeln formen und auf einen großen Servierteller setzen.

WEICHES GRIESSGEBÄCK MIT ZITRONENSIRUP *Şekerpare*

Ihr habt wahrscheinlich schon darauf gewartet: auf herrlich süße, klassische türkische Desserts – die natürlichen Feinde eines jeden Zahnarztes –, die in diesem Buch natürlich nicht fehlen dürfen.

ca. 1 Std.
plus 3–4 Std. Kühlzeit
Für 7–10 Personen

3 Bio-Eier
170 ml Olivenöl
140 g Puderzucker
160 g Grieß
8 g Vanillezucker
420 g Weizenmehl (Type 405)
16 g Backpulver

Für den Sirup
500 g Zucker
1 TL Zitronensaft

Zum Garnieren
gemahlene Haselnusskerne (alternativ: gemahlene Pistazien oder gemahlene Mandeln)

1 Den Backofen auf 170 °C (Ober-/Unterhitze) vorheizen und ein Backblech mit Backpapier auslegen.

2 Für den Sirup 600 ml Wasser und Zucker in einem Topf verrühren. Aufkochen, Zitronensaft unterrühren und bei mittlerer Hitze ca. 5 Min. köcheln lassen. Den Topf vom Herd nehmen, abkühlen lassen.

3 1 Ei trennen und Eigelb beiseitestellen. Eiweiß, restliche Eier, Öl, Puderzucker, Grieß und Vanillezucker in eine Rührschüssel geben und mit den Händen kräftig verkneten. Dann Mehl und Backpulver nach und nach dazugeben und so lange kneten, bis ein homogener, weicher Teig entstanden ist. (Der Teig sollte nicht mehr an den Händen kleben, ansonsten mehr Mehl dazugeben.)

4 Anschließend aus dem Teig kleine, etwa eigroße Teigstücke formen und mit ca. 2 cm Abstand auf das Backpapier setzen. (Es sollten ca. 20 Teigstücke entstehen.) Die Teigoberseiten mit dem verbliebenen Eigelb bestreichen und mit einer Gabel der Länge nach mittig einmal leicht einritzen.

5 Das Backblech in den heißen Ofen (Mitte) schieben und das Grießgebäck in 20–25 Min. goldbraun backen. Aus dem Ofen nehmen und sofort mit dem Sirup übergießen. Etwas abkühlen lassen und 3–4 Std. in den Kühlschrank stellen. Vor dem Servieren mit Haselnüssen bestreuen.

MEHL-HALVA

Un Helvası

Und hier nun der kompakte und feine Bruder des Grieß-Halva (S. 172). Es lohnt sich, auch ihn einmal auszuprobieren. Die Konsistenz erinnert ein wenig an feines Marzipan, lasst euch also nicht von dem unspektakulären Namen beirren. Ihr wisst doch: Allein die inneren Werte zählen!

ca. 45 Min.

Für 6 Personen

345 ml Olivenöl
420 g Weizenmehl (Type 405)

Für den Sirup
360 ml kalte Milch (alternativ: kaltes Wasser)
200 g Zucker

Zum Garnieren
100 g gemahlene Haselnusskerne (alternativ: gemahlene Walnusskerne oder gemahlene Mandeln)

1 Für den Sirup Milch und Zucker verrühren.

2 Öl und Mehl in einem beschichteten Topf erhitzen und unter ständigem Rühren bei schwacher Hitze 20–25 Min. anrösten. (Unbedingt darauf achten, dass das Mehl nicht anbrennt.) Dann den Sirup nach und nach unter ständigem Rühren dazugeben, bis das Halva eine feste Konsistenz aufweist. (Vorsicht, es kann spritzen!)

3 Anschließend den Topf vom Herd nehmen und aus dem „Mehl-Halva“ mit zwei Esslöffeln Nocken oder mit einem Eisportionierer Halbkugeln formen und auf einen großen Servierteller setzen. Vor dem Servieren mit Haselnüssen bestreuen. Das „Mehl-Halva“ kann warm oder kalt gegessen werden.

APFEL„TASCHEN“ TÜRKISCHE ART

Elmalı Kurabiye

Wenn ihr Lust auf Apfeltaschen habt und sie nicht einfach bei einer beliebten amerikanischen Fast-Food-Kette holen wollt – in der türkischen Variante gelingen sie ganz einfach. Sie bestehen nicht aus Blätterteig, sondern erinnern eher an Kekse, die wie kleine gerollte Dreiecke aussehen und eine fruchtig-nussige Apfel-Zimt-Füllung haben. Wenn Mama „Elmalı Kurabiye“ backt, holt sie ein Stück Kindheitserinnerung zurück in unsere Zeit. Wenn ihr also wissen wollt, wie meine Kindheit schmeckt – nur zu!

ca. 1 Std. 20 Min.

Für 10–12 Personen

250 g Butter oder Margarine (alternativ: 170 ml Olivenöl)
500 g Weizenmehl (Type 405)
50 g Joghurt (3,5 % Fett)
1 Bio-Ei
3 EL Zucker
8 g Vanillezucker
1 Prise Salz
16 g Backpulver

Für die Füllung
5 Boskoop-Äpfel
3 EL Zucker
200 g gemahlene Haselnusskerne
3 TL Zimtpulver

Zum Garnieren
Puderzucker

1 Den Backofen auf 170 °C (Ober-/Unterhitze) vorheizen und zwei Backbleche mit Backpapier auslegen.

2 Für die Füllung Äpfel schälen, entkernen und grob raspeln. Äpfelraspel und Zucker in einem beschichteten Topf erhitzen. Dabei Äpfelraspel so lange dünsten, bis der Zucker vollständig karamellisiert ist. Dann Haselnüsse und Zimt unterrühren. Abkühlen lassen.

3 Für den Teig alle Zutaten mit den Knethaken des Rührgerätes auf hoher Stufe so lange kneten, bis ein homogener, weicher Teig entstanden ist. (Mit viel Kraft funktioniert es auch mit den Händen.) Nach Bedarf weiteres Mehl dazugeben. (In der Türkei sagt man: „Der Teig muss weich wie ein Ohrläppchen sein.“)

→ *weiter auf Seite 180*

4 Den Teig auf eine leicht bemehlte Arbeitsfläche geben, in 10 gleich große Stücke teilen und aus jeweils 1 Teigstück 1 Kugel formen (Foto 1). Dann die Teigkugel mit den Fingern zu einer kreisrunden Scheibe mit 16 cm Durchmesser flach drücken und mit einem scharfen Messer achteln (Foto 2). Jeweils ½ EL der Füllung ans Ende des Dreieckes setzen (Foto 3) und das Teigstück aufrollen (Foto 4). Die Teigstücke mit genügend Abstand auf die Backpapiere setzen. (Es sollten 80 Teigstücke entstehen.)

5 Dann ein Backblech in den heißen Ofen (Mitte) schieben und die Apfeltaschen in ca. 20 Min. goldbraun backen. Diesen Vorgang mit dem zweiten Backblech wiederholen. Nach dem Erkalten mit Puderzucker bestreuen.

1

2

3

4

BACKÄPFEL TÜRKISCHE ART

Fırında Elma Tatlısı

Wisst ihr, warum ich als Kind meine Tanten immer so gerne im Winter besuchen wollte? Weil es dann die berühmt-berüchtigten, fantastisch duftenden Backäpfel mit Dattel-Nuss-Füllung gab – und zwar so oft ich sie mir wünschte. Wieder ein Geschmack meiner Kindheit, den ich niemals vergessen werde.

ca. 1 Std. 10 Min.

Für 10 Personen

10 Äpfel (Gala oder Jonagold)
Saft von 1 Zitrone

Für die Füllung
5 Datteln
3 EL Zucker
½ EL Zimtpulver
100 g gemahlene Haselnusskerne

Zum Garnieren
Zimtzucker

1 Den Backofen auf 180 °C (Ober-/Unterhitze) vorheizen.

2 Die Äpfel schälen und die Kerngehäuse herausschneiden. Dann geschälte Äpfel mit Wasser und Zitronensaft in eine Schüssel geben. 3–5 Min. ruhen lassen. (Die Äpfel sollten mit der Flüssigkeit bedeckt sein; so werden sie später im Ofen nicht zu braun.)

3 Für die Füllung Datteln in kleine Stücke schneiden und mit Zucker, Zimt und Haselnüssen in eine Schüssel geben. Alles gut vermengen.

4 Die ausgehöhlten Äpfel auf ein Backblech setzen und mit jeweils 2 TL der Dattel-Haselnuss-Masse füllen. So viel Wasser auf das Backblech gießen, dass der Boden vollständig bedeckt ist.

5 Das Backblech in den heißen Ofen (Mitte) schieben und die Backäpfel ca. 45 Min. backen. Dabei ein- bis zweimal den ausgetretenen Saft auffangen und über die Äpfel gießen. Die Backäpfel nach der Backzeit aus dem Ofen nehmen und mit Zimtzucker bestreuen.

MAMAS TIPP

Unserer Familie schmecken die Äpfel am besten lauwarm. Dazu passt Schlagsahne und Vanilleeis besonders gut.

REZEPTREGISTER

ZUTATENREGISTER

VON STERNEKÜCHE BIS FAMILIENALLTAG – SO MACHT KOCHEN SPASS!

ISBN 978-3-8338-7777-3

ISBN 978-3-8338-7986-9

ISBN 978-3-8338-7425-3

ISBN 978-3-8338-7968-5

Alle hier vorgestellten Bücher sind auch als eBook erhältlich.

GRÄFE UND UNZER

Mehr von GU auf **gu.de** | **gu.verlag** | **gu.verlag**

IMPRESSUM

GRÄFE UND UNZER

Gräfe und Unzer ist eine eingetragene Marke der
GRÄFE UND UNZER VERLAG GmbH, www.gu.de

ISBN 978-3-8338-8778-9

1. Auflage 2023

Projektleitung: Simone Kohl
Lektorat: Alexandra Bauer (textwerk, München)
Korrektorat: Andrea Lazarovici
Umschlaggestaltung & Layout: ki 36 Editorial Design, Bettina Stickl
Coverfoto: Stephanie Wolff, Photography
Foodfotografie: Coco Lang
Foodstyling: Sven Dittmann, Gerlinde Hans, Nils Lichtenberg, Margit Pröbst, Julia Skowronek
Weitere Fotos: dreamtime, S. 4, 10; GettyImages: S. 60, 84, 138; iStock: S. 11, 13, 61, 63, 85, 87, 139, 141; Stephanie Wolff, Photography: S. 6, 8, 12, 62, 86, 140
Herstellung: Markus Plötz
Satz: Nadine Thiel, kreativsatz, Baldham
Repro: Ludwig, Zell am See
Druck: Firmengruppe APPL, Wemding
Bindung: Conzella, Pfarrkirchen

Printed in Germany

GRÄFE UND UNZER

Ein Unternehmen der
GANSKE VERLAGSGRUPPE